互联网时代
会计教学及改革探究

杨 洁 ◎ 著

中国书籍出版社
China Book Press

图书在版编目（CIP）数据

互联网时代会计教学及改革探究 / 杨洁著 . -- 北京：中国书籍出版社，2024.8.

ISBN 978-7-5068-9947-5

Ⅰ . F230-39

中国国家版本馆 CIP 数据核字第 2024L9G752 号

互联网时代会计教学及改革探究
杨 洁 著

图书策划	成晓春
责任编辑	张 娟　成晓春
封面设计	守正文化
责任印制	孙马飞　马 芝
出版发行	中国书籍出版社
地　　址	北京市丰台区三路居路 97 号（邮编：100073）
电　　话	（010）52257143（总编室）（010）52257140（发行部）
电子邮箱	eo@chinabp.com.cn
经　　销	全国新华书店
印　　刷	天津和萱印刷有限公司
开　　本	710 毫米 ×1000 毫米　1/ 16
字　　数	250 千字
印　　张	12.5
版　　次	2025 年 5 月第 1 版
印　　次	2025 年 5 月第 1 次印刷
书　　号	ISBN 978-7-5068-9947-5
定　　价	76.00 元

版权所有　翻印必究

前　言

会计工作作为经济社会发展的基础性工作，对社会主义市场经济体制的建立和不断完善，对资本市场的培育发展，对经济信息质量的保障，以及对国内外投资者信心的增强等发挥了重要作用。我国会计工作在实践上的每一个重大发展，在理论上的每一次重大突破，在行业中的每一步重大开拓，无不体现出会计工作为社会经济发展所做出的特殊贡献，无不折射出会计工作随着市场的发展变化和改革开放的深入所做出的协同反应。随着改革进程的不断推进，尤其是社会主义市场经济的不断深化和多层次资本市场改革的不断完善，会计的内涵不断丰富、外延不断拓展，会计服务企业发展的理念、内容、方式和范围等不断创新，进一步扩大了会计职业的空间领域和会计服务的市场需求。这对会计教学改革与行业发展提出了新希望、新要求，同时也对会计教学和会计人才培养提出了新挑战。

会计教育为国家培养会计人才，时代的发展带来的不仅是会计技术的变化，也是会计思维、理念和模式的变革，并使企业对会计人员的职业需求发生改变，因而会计教学只有在转型中不断改进、创新教育教学方式与方法，才能培养出具有较强竞争力的高素质人才。

当前，互联网技术正在以前所未有的速度蓬勃发展，并以前所未有的深度和广度介入经济社会的各个领域。因此，要想立足于时代发展、立足于社会需求培养新型会计人才，必须从转变教学理念开始。在高等教育中，"互联网＋教学理念"的新教学理念已是大势所趋。会计专业教师要从思想上紧跟时代步伐，充分认识到信息技术对会计行业发展、会计人才技能和会计教学改革产生的影响，以培养信息化会计人才为目标，及时调整会计人才培养方案。会计专业教师在教学过程中也要注意转变教学理念，在注重学生理论知识和专业技能的同时，要强化对学生会计行业观念的引领，要强化对学生未来会计职业生涯规划的引领，要强化对学生适应社会发展和社会竞争力的引领。此外，在教学过程中，会计专业教师要改变传统的教学模式，提高学生在课堂中的地位，让学生成为课堂的主体，培养学生自主学习的能力，以及发展学生自我学习的能力，以提高学生适应不同学习环境的能力。

教育要面向现代化、面向世界、面向未来。教育信息化是教育发展的必然趋势，高校教师的信息化教学水平直接关系到教师的专业化发展与高素质人才的培养，因此，高校教师的教育思想、教学观念、知识结构与教学技能需全面提升。随着国家经济的迅速发展，高等教育改革也应与时俱进。会计教育依托现代信息技术为国家培养会计人才，更需要不断创新教育教学方式。

本书从互联网时代的会计教学入手，分析了互联网时代会计教学改革的趋势、思路，并指出会计教学改革的路径，最后分别在翻转课堂、微课和慕课等方面对会计教学改革进行了研究。

此外，在撰写本书的过程中，笔者得到了许多专家学者的支持和帮助，参考了众多同行的研究成果，在此表示真挚的感谢。正因为有他们，本书才能够及时与读者见面。由于时间仓促，笔者水平有限，难免有疏漏之处，请广大读者批评指正。

目 录

第一章　会计教学的目标与原则 1
第一节　会计教学的目标 1
第二节　会计教学的原则 9

第二章　会计教学的手段与方法 30
第一节　会计教学的手段 30
第二节　会计教学的方法 46

第三章　互联网时代会计教学改革的趋势 57
第一节　会计教学的发展现实 57
第二节　互联网时代的内涵与趋势 67
第三节　互联网时代会计教学改革的需求分析 83

第四章　互联网时代会计教学改革的思路 88
第一节　互联网时代会计教学改革的影响因素 88
第二节　互联网时代会计教学改革的机遇与挑战 98
第三节　互联网时代会计教学改革的新思维 108

第五章　互联网时代会计教学改革的路径 120
第一节　互联网时代会计教学活动的实施策略 120
第二节　互联网时代会计教学形式的改革 125

第三节 互联网时代会计教学资源的改革 ·················· 132
第四节 互联网时代会计教学改革的资源支持 ·············· 137

第六章 基于大数据的会计教学改革 146
第一节 大数据对会计教学的影响 ······················ 146
第二节 大数据时代的会计教学改革路径 ·················· 158
第三节 翻转课堂、微课、慕课在会计教学中的应用 ············ 162
第四节 基于会计应用人才培养的三位一体驱动模式 ············ 180

参考文献 190

第一章 会计教学的目标与原则

第一节 会计教学的目标

一、会计教学

会计教学是高校教育的重要组成部分，其目标是培养学生掌握会计理论知识并具备实际应用能力，为未来的会计从业和财务管理工作做好充分准备。在会计教学中，有几个关键方面需要特别关注。

①理论基础。会计教学首先要确保学生具有坚实的会计理论基础。这些理论包括会计原则、会计准则、财务报表分析等。学生需要了解会计的基本概念和原则，以便正确处理各种财务数据和信息。

②实际操作。除了理论知识，会计教学还应该注重学生实际操作能力的培养。学生需要学会编制财务报表、进行会计核算、处理财务数据等实际技能，这对他们未来的职业发展很关键。

③法律法规。会计领域涉及众多法律法规，包括税法、审计法、公司法等。会计教学应该教导学生遵守相关法规，避免违法行为，确保财务活动的合法性和合规性。

④信息技术。现代会计工作已经离不开信息技术的支持，因此会计教学也应该加强信息技术的应用的教学。学生需要学会使用会计软件、电子表格等工具来处理财务数据和生成报表。

⑤案例分析。通过实际案例的分析，学生可以将理论知识应用到实际情境中，提高问题解决能力和决策能力。这种实际案例教学可以培养学生的综合素养。

⑥职业道德。会计师是财务信息的管理者和保护者，因此会计教学还应该注重职业道德的培养。学生需要了解职业操守和道德规范，保持诚信和工作的透明度。

综上所述，会计教学应该全面覆盖理论基础、实际操作、法律法规、信息技术、案例分析和职业道德等，以培养出胜任各种会计职业和岗位的专业人才；同时，还要不断更新教材和教学方法，与行业发展同步，保持教育的前沿性和实践性。

二、会计教学目标确定的依据

从教育目标和教学目标的关系来看，教育目标可以借助课程设置、教材编写、教学组织、实践训练、活动开展等途径而得以实现；教学目标则只能借助教学组织去实现。可见，教育目标大于教学目标，教学目标从属于教育目标。

①职业要求。会计教学的目标首先应该根据职业要求来确定。会计职业领域有不同的岗位和要求，如注册会计师（CPA）、注册内部审计师（CIA）、财务分析师（CPFA）等。不同的职业领域需要不同的知识和技能，因此教学目标应该根据学生未来从事的职业来设定。

②行业标准。会计领域有一系列的国际和国内行业标准，如国际财务报告准则（IFRS）、国际审计准则（ISA）等。教学目标需要符合这些标准，确保学生在职业实践中具备合规性和国际化的竞争力。

③高校要求。不同的高校有不同的教学要求和课程设置。教学目标需要符合高校的教学大纲和要求，确保学生能够顺利完成学业。

④学生需求。学生的需求也是确定教学目标的重要因素之一。不同学生有着不同的背景知识和兴趣，教学目标应该根据学生的需求来调整，实现个性化教学，以提高课程的吸引力和实用性。

⑤行业趋势。会计领域的行业趋势和发展方向也会影响教学目标的设定。例如，随着信息技术的发展，会计领域对数字化和数据分析能力的需求日益增加，因此教学目标需要加强这些方面的培养。

⑥社会需求。会计教育也需要考虑社会的需求和期望。会计师在社会中扮

着重要的角色，在维护会计工作合法性、权威性方面发挥着重要作用，因此教学目标应该加强培养学生诚信、责任感和职业操守等方面的品质。

综合考虑以上因素，确定会计教学的目标需要权衡各种要求，以确保教育的有效性和适用性，帮助学生顺利进入职业领域并取得成功。同时，高校和教师也需要不断跟踪行业动态，及时调整教学目标，以适应不断变化的职业环境。

三、会计教学的基本目标

（一）会计专业教学目标

具体来说，会计专业教学的教学目标到底包括哪些知识与能力方面的目标呢？我们可以分开来考察。

1. 知识目标

知识是符合文明方向的，是人类对物质世界以及精神世界探索的结果的总和。会计专业知识是非常宽泛的。从整体上看，会计的专业知识是由会计的前提性知识、会计的基础性知识与会计的专门性知识三个部分所构成的。

会计专业教学的知识目标旨在使学生全面掌握会计学科领域的相关知识，建立坚实的理论基础和拥有过硬的专业技能，以胜任未来从事会计职业所需的各项工作。

首先，学生应掌握会计学的基本概念和原理，理解会计的基本任务和职责，明确会计信息的作用和价值。他们需要熟悉会计学科的发展历程，了解会计学的理论体系和研究方法，从而建立起对会计学科的整体认识和理解。

其次，学生需要深入学习财务会计和管理会计的核心知识，包括会计准则和规范、会计报表的编制和分析、成本核算方法、预算管理、绩效评估等方面的内容。他们应具备编制财务报表、分析财务状况、制定预算计划的能力，以支持企业的财务决策和经营管理等工作。

再次，审计和税法知识也是会计专业不可或缺的一部分。学生需要了解审计的基本原理和程序，熟悉税收法规，能够进行内部审计和税务筹划等工作，确保企业合规经营和税务合规性。

最后，学生还应了解国际会计准则和国际财务报告准则，具备国际化视野和跨文化交际能力，以适应国际化背景下的会计工作和国际化企业的需求。

总之，会计专业教学的知识目标旨在培养具备扎实的会计学科知识和实际操作技能的专业人才，使他们能够胜任会计领域的各种工作岗位，为企业和组织提供可靠的财务信息、支持经济决策，同时具备国际化视野和创新能力，以适应不断变化的商业环境和国际化竞争的挑战。这些知识将为学生未来的职业发展和个人成长提供坚实的基础和广阔的前景。

2. 能力目标

能力是完成一项目标或者任务所体现出来的综合素质。人们在完成活动中表现出来的能力有所不同。能力总是和人完成一定的实践联系在一起，离开了具体实践既不能表现人的能力，也不能发展人的能力。会计能力体现为会计人员在处理会计事项时所表现出来的熟练程度与有效程度。应该说，会计能力是一个由多方面因素构成的综合能力。

会计专业教学的能力目标旨在培养学生具备丰富的专业实践经验和高水平的综合能力，以胜任各种复杂的会计职业任务和挑战。

首先，学生应具备扎实的会计实践能力。他们需要能够独立进行会计核算、编制财务报表、进行内部审计和税务筹划等工作，能够熟练运用会计软件和工具，确保财务信息的准确性和可靠性。

其次，学生需要具备财务分析和决策能力。他们应能够分析和解释财务报表，评估企业的财务状况和经营绩效，为经济决策提供可靠的依据。他们还应能够制定预算计划、进行绩效评估，支持企业的管理和战略决策。

再次，学生应具备团队协作和沟通能力。会计工作往往需要与不同部门和团队合作，学生需要能够有效沟通和协调，参与团队项目，解决复杂的会计问题，推动工作的顺利进行。

最后，学生还应具备创新和问题解决能力。他们需要具备发现问题和解决问题的能力，能够应对复杂的会计挑战和变化的商业环境，提出创新性的解决方案，不断改进会计工作流程和方法。

总之，会计专业教学的能力目标旨在培养学生具备丰富的专业实践经验和高水平的综合能力，使他们能够胜任各种复杂的会计职业任务和挑战。这些能力将为学生在职业生涯中取得成功、实现个人成长和贡献社会提供有力的支持。同时，这些能力也将使他们具备不断适应和应对未来会计领域发展和变化的能力，成为具有竞争力的会计专业人才。

（二）会计人格教育目标

1. 会计人格教育目标

会计人格教育旨在培养学生良好的职业道德和职业操守，使他们成为负责任、诚实守信、专业敬业的会计专业人才。

首先，培养诚实守信的职业操守。学生应当明白会计工作中的信息和数据对企业和社会具有重大影响，因此必须保持诚实的工作态度，不得伪造数据或隐瞒信息。会计人员应该严守职业操守，不受金钱、利益等因素的干扰，坚守诚信原则。

其次，倡导责任和敬业精神。会计工作要求会计从业人员应具有高度的责任感和敬业精神。学生应当明白，他们的工作直接影响企业的经营和社会的公平与正义，因此必须承担起自己的职业责任，保障财务信息的准确性和可靠性。

再次，弘扬专业操守和保密原则。会计人员应当保守财务信息的机密性，不得泄露客户或雇主的商业机密，严格遵守保密原则。同时，学生应当遵守会计职业的规范和道德准则，不参与违法或不道德的活动。

最后，培养团队合作和沟通能力。会计工作往往需要与不同背景和职业的人合作，学生应当具备团队协作和有效沟通的能力，能够与同事、客户和管理层协调合作，解决问题和完成任务。

总之，会计人格教育的目标是培养学生良好的职业道德和职业操守，使他们成为诚实守信、负责任、专业敬业的会计专业人才。这些价值观和行为准则将指导学生在职业生涯中正确行事，自身拥有良好名声和信誉的同时，为企业和社会创造价值。

2. 会计人格教育内涵

会计人格教育的内涵包括培养学生良好的职业道德和职业操守，塑造他们的职业形象，强调会计职业所需要的特定品质和行为准则。以下是会计人格教育的内涵分析。

（1）诚实守信

会计从业人员应当诚实守信。他们必须真实和准确地记录财务数据，不伪造数据或隐瞒信息。诚实守信是会计职业道德规范的核心要求之一，也是维护会计专业声誉的重要保障。

（2）责任感

会计从业人员要有责任感。他们需要确保财务信息的准确性和可靠性，要对错误或不当行为负责。负责任的工作态度有助于维护企业的正常运营和社会的公平与正义。

（3）遵守保密原则

保密是会计职业道德的重要组成部分之一，会计从业人员必须遵守保密原则，不泄露客户或雇主的商业机密和财务信息，确保敏感信息不被滥用或泄露。

（4）专业敬业

会计从业人员应当具备高度的专业敬业精神。他们应不断提升自己的专业知识和技能，积极参与职业发展和学习，以满足不断变化的会计需求。

（5）团队合作和沟通能力

会计从业人员通常需要与不同的团队和部门合作，需要培养团队合作精神和锻炼沟通技巧，以便与同事、客户和管理层协调合作，顺利完成工作计划。

（6）遵守职业道德准则

会计从业人员应当遵守会计职业道德规范，不从事违法或不道德的活动，要始终秉持公平、公正、公开的原则，维护职业的公信力。

（7）持续学习和发展

会计职业要求会计人员持续学习和发展。会计从业人员应当不断学习、更新知识，以适应会计领域的变化和发展。

（8）职业形象

会计从业人员的职业形象也是重要的一部分。他们应该表现出专业、严谨、有条理和有责任感的形象，以赢得客户和雇主的信任。

综上所述，会计人格教育的内涵涵盖了多个方面，旨在培养学生的职业道德和职业素质，使其成为受人尊敬和值得信任的会计专业人才。这些内涵不仅对学生的职业生涯具有重要意义，也有助于维护会计职业的声誉和社会公信力。

3. 会计人格教育目标构成

具体来说，会计人格教育目标包括哪些特殊因素？这可以从会计工作要求会计人员所需具备的工作态度、职业道德与合作精神三个方面分别进行阐述。

第一，会计工作的特殊性质决定了对会计从业人员工作态度的特殊要求。会计工作是一项高度精细和复杂的工作，要求会计从业人员既认真细致，又求真务实。首先，会计工作需要极高的认真细致度。在处理财务数据和文件时，任何一个细微的错误都可能导致重大的财务问题，甚至于承担法律责任。因此，会计从业人员必须对每一个细节保持高度警惕，确保准确记录和核对每一笔交易。精确无误是会计工作的基本要求，而这需要极大的耐心。其次，会计工作要求会计从业人员求真务实。会计从业人员不仅要完成日常的财务记录和报表编制，还需要分析和解释财务数据，为企业的决策提供支持。在这个过程中，会计从业人员必须以客观和实事求是的态度对待数据和信息，不偏不倚地呈现真实情况。他们不能夸大或隐瞒财务信息，因为这会误导企业决策者，给企业造成重大损失。总的来说，会计工作需要会计从业人员具备高度的责任感和职业操守，他们必须以严谨的态度对待工作，保证诚实和透明，确保财务数据的准确性和可信度。只有这样，企业才能够依靠会计从业人员的工作做出明智的经济决策，维护财务健康，遵守法律法规，保持良好的商业声誉。因此，会计从业人员的工作态度对于企业和社会都具有重要影响。

第二，任何职业都有其相应的职业道德，会计工作也不例外。从会计工作性质角度考虑，会计从业人员的基本职业道德应该是既秉公敬业，又遵纪守法。首先，秉公敬业是会计从业人员的基本职业道德之一。会计从业人员处理财务数据和信息时，必须保持公正和客观的态度。他们不应受到个人利益、企业压力或其他因素的影响，而应该坚守职业操守，对每一笔财务交易都要公平公正地记录。这意味着会计从业人员不能隐瞒或篡改财务信息，也不能为了个人或企业的私利而捏造数据。只有秉公敬业，会计从业人员才能够保证财务信息的真实性和可信度，维护企业和社会的利益。其次，遵纪守法也是会计从业人员的基本职业道德之一。会计工作涉及众多的会计准则和法律法规，会计从业人员必须严格遵守这些规定。他们应该了解并遵守国家和地区的财务报告要求，确保企业的财务报表符合相关要求。此外，会计从业人员还应该遵守职业准则和道德规范，不参与任何违法或不道德的活动，如财务舞弊或数据造假。只有遵纪守法，会计从业人员才能够保护企业免受罚款或法律诉讼的损失，维护职业声誉。

总的来说，会计从业人员的职业道德是其工作的基础和保障，涵盖了秉公敬业和遵纪守法两个方面。这些职业道德要求会计从业人员在工作中保持公正、客观和诚实的工作态度，坚守职业操守，保证财务信息的真实性和可信度，维护企业和社会的利益，确保财务报表合法合规。只有具备这些职业道德，会计从业人员才能够胜任其工作，并为企业和社会做出积极的贡献。

第三，会计工作作为经济管理的一个重要环节，与其他管理环节密切相关，存在着互相协作的问题，因此会计从业人员也需具备相应的合作精神。会计工作在企业管理中扮演着记录、分析和报告财务信息的关键角色，而这些财务信息对于企业的经营决策、财务稳健性以及合规性都很重要。会计工作与其他管理环节的协作体现在：

①财务与运营管理协作。会计部门需要与运营管理部门密切合作，以确保财务数据的准确性和及时性。运营部门提供销售、采购、生产等信息，会计部门需要将这些信息反映在财务报表中。同时，会计部门提供财务数据，帮助运营管理部门进行成本控制、盈利分析和预算编制。

②财务与人力资源管理协作。工资和薪酬是企业的重要开支之一，会计部门需要与人力资源管理部门协作，确保工资和福利的准确核算和发放。此外，人力资源管理部门也需要提供员工信息，以便会计部门进行社会保险和个人所得税的扣缴。

③财务与税务管理协作。税务管理是企业合规运营的一部分，会计部门需要与税务部门协作，确保纳税申报的准确性和及时性。同时，税务部门需要提供有关税法和政策的指导，以确保企业合法减税和避免税务风险。

④财务与采购管理协作。会计部门需要与采购管理部门协作，确保采购订单和供应商付款业务的准确处理。采购管理部门提供采购合同和发票信息，会计部门需要将这些信息反映在财务报表中，并进行付款核算。

⑤财务与战略规划协作。会计部门需要与高层管理团队协作，参与战略规划和决策制定过程。财务数据和财务分析对于制定战略目标和预测未来业绩非常重要。高层管理团队需要财务部门提供关键的财务信息和建议，以支持战略决策。

综上所述，会计工作与其他管理环节之间存在紧密的协作关系。会计部门需要与各个部门密切合作，以确保财务数据的准确性、合规性和及时性，从而为企业的经营决策和管理提供有力支持。

第二节　会计教学的原则

一、会计教学原则的内涵及其本质

（一）会计教学原则的内涵

教学原则即教育教学活动中的基本原则和规范，它们根据教育教学的特点和目的制定，用于指导和规范教学工作。这些原则反映了教育教学活动的规律和特点，有助于提高教学质量和效果。在会计教学中，教学原则主要包括：

①实践性原则。会计是一门实践性很强的学科，教师应注重培养学生的实际操作能力，让他们能够熟练运用会计知识解决实际会计问题。

②系统性原则。会计知识体系庞大复杂，教学应当具备系统性，使学生能够全面理解和掌握会计的基本概念、原理和方法。

③应用性原则。会计知识要有实际应用价值，教学应该强调理论与实践相结合，将理论知识应用到实际工作中，培养学生解决问题的能力。

④互动性原则。教学应注重师生互动，激发学生的学习兴趣，鼓励他们提问、讨论和思考。

⑤创新性原则。会计领域不断发展变化，教学应鼓励学生保持创新思维，了解并研究最新的会计法规和技术。

⑥道德性原则。会计职业要求会计从业人员具备高度的职业操守和道德规范，教学应加强会计职业道德的培养，引导学生树立正确的职业道德观念。

⑦国际化原则。会计行业具有国际化的特点，教学应关注国际会计准则和国际会计实践，培养学生的国际视野。

⑧持续学习原则。会计是一个需要不断学习的领域，教师应鼓励学生终身学习，不断提高自己的会计知识和技能。

这些原则共同构成了会计教学的基础，有助于培养出具备综合素质和职业操守的会计专业人才。

（二）会计教学原则的本质

会计教学原则的本质是在会计教育中为了达到培养学生会计专业知识和能力、提高学生综合素质的目标而制定的一系列指导性准则和规范。这些原则反映了会计教育的特点和规律，是为了保证会计教育质量、促进学生全面发展而提出的基本要求。会计教学原则的本质包括：

①教学效果优先。会计教学的首要目标是培养学生的会计专业知识和技能，确保他们具备解决实际会计问题的能力。因此，教学原则强调教学效果，要求教学内容和方法能够有效地达到教育目标。

②以学生为中心。会计教育应以学生为中心，关注学生的需求和兴趣，激发他们的学习积极性，提供适合他们发展的教学环境和资源。

③系统性和连贯性。会计知识体系庞大且复杂，教学原则要求教学内容应具有系统性和连贯性，帮助学生建立起完整的会计知识结构。

④实践性和应用性。会计是一门实践性很强的学科，教学原则要求注重实践和应用，让学生能够将理论知识运用到实际工作中。

⑤互动性和合作性。教学原则鼓励师生互动，学生之间的合作学习，以及与实际会计工作的联系，有助于培养学生问题解决能力和团队协作能力。

⑥灵活性和创新性。会计领域不断发展变化，教学原则要求教师要灵活应对新情况，鼓励学生保持创新思维，了解最新的会计法规和技术。

⑦道德性和职业操守。会计职业要求会计从业人员应具备高度的职业操守和道德规范，教学原则强调教师应注重学生的职业道德观念和道德素养的培养。

⑧国际化和终身学习。会计领域具有国际化特点，教学原则要求关注国际会计准则和国际会计实践，培养学生的国际视野和终身学习能力。

总的来说，会计教学原则的本质是为了保证会计教育的质量，培养出具备会计专业知识和能力、具备良好职业道德和综合素质的会计专业人才，以满足社会对会计从业人员的需求和要求。

二、会计教学原则的构成

在各类学校与各门学科教学中有一些共同的原则，如科学性和思想性统一的原则、理论联系实践的原则、直观性原则、启发性原则、循序渐进原则、巩固性原则、因材施教原则等。这些教学原则虽然有着广泛适应性，是各级各类学校与各门学科教师在教学中所必须共同遵循的，但由于它们不足以体现每门学科自身的特点，也没有反映学生对象的年龄与身心特征，所以我们谈论高校的会计教学原则时，不能简单地照搬这些条文，而应该把这些条文与会计教学的实际结合起来，与大学生的身心特征结合起来。

就会计学科来说，我们使用的"会计"概念，包括会计学专业系列课程，其内容非常专业、复杂。这使它既不同于基础教育阶段的任何一门学科，也不同于大学里其他专业所开课程所属的学科，甚至不同于会计专业里所有非专业课程所属的学科。会计学科的内容包括会计、财务管理、审计等方面，既有会计、财务管理、审计人员所需了解的原理、知识与法规，也有会计、财务管理、审计人员所需具备的技能、道德与心理，我们要提出的会计教学原则，必须体现这些因素。

大学会计学科的教学对象为20岁左右的大学生。作为成年人，他们的生理、心理与学习能力均不同于中学生，也不同于硕士生与博士生层次的资深研究人员。他们的学习兴趣、学习目标与学习方法都体现出了与众不同的特点。他们对教师的依赖程度、在课堂上的表现方式，以及自学训练的水平也独具特色。正是这诸多因素，直接影响着大学会计教学原则的构成。

如果依据教育学与教学论里提出的共同教学原则，考虑会计学科的性质与特点，充分体现大学生学习的特征，并将这三个方面的因素综合起来研究，我们可以为会计教学提出以下四条基本原则：会计能力培养与会计人格教育相结合的原则、会计原理阐释与会计案例分析相结合的原则、会计知识传授与会计法规传播相结合的原则、会计技能训练与会计心理锻炼相结合的原则。

（一）会计能力培养与会计人格教育相结合的原则

1. 原则的含义

在会计教学过程中，培养大学生的会计工作能力，并对其进行会计人格的教育，使他们既具备实践能力，又具备角色意识，形成会计人格，是大学会计教学的基本目标。

会计能力培养与会计人格教育相结合的原则是指在会计教育中，不仅要注重学生的专业知识和技能的培养，还要注重学生的道德品质、职业操守和综合素质的培养。

①整体培养。会计教育应该是全面的，既要培养学生的会计专业知识和技能，也要培养他们的道德品质和职业操守。学生不仅要具备解决会计问题的能力，还要具备良好的职业道德，以保证顺利完成工作的同时保持诚实守信，不弄虚作假。

②平衡发展。会计教育应该注重学生各方面能力的平衡发展，不仅要培养他们的智力，还要培养他们的道德感知、沟通能力、团队协作能力等。

③道德引领。会计从业人员在工作中往往面临伦理和道德的挑战，因此会计教育应该注重道德教育，培养学生的职业操守和道德观念，使他们能够正确处理职业道德问题，避免不端行为。

④职业认同。会计教育应该帮助学生树立职业认同感，让他们深刻理解会计职业的重要性和责任，激发他们对会计职业的热情和责任感。

⑤终身学习。会计职业要求会计从业人员适应变化和不断学习，因此会计教育应该培养学生的终身学习能力，使他们能够不断更新知识和技能，适应行业的发展和变化。

综合而言，会计能力培养与会计人格教育相结合的原则意味着会计教育要以学生的全面发展为目标，不仅关注专业技能的培养，还关注学生的道德素养和综合素质的提升，以培养具备综合能力和职业道德的优秀会计人才。这一原则有助于保障会计教育的质量，满足社会对会计从业人员的需求，推动会计职业的健康发展。

2. 原则的确立依据

这一教学原则的提出，主要有下列依据。

第一，大学生培养目标的需要。首先，社会需要具备各种专业知识和技能的高素质人才，以推动科技创新、经济发展和社会进步。应该培养大学生掌握所学专业领域的深度知识并具备实际操作能力，以满足各行各业对专业人才的需求。其次，国家需要培养具备国际竞争力的人才，以提高国家在国际社会中的地位和影响力。培养大学生成为具有国际视野和跨文化交际能力的人才，能够在国际舞台上表现出色。最后，个人的成长和发展也是大学生培养的重要目标。大学生培养应该培养学生的综合素质，包括思维能力、创新能力、领导能力、社会责任感等，使他们能够在职业和生活中取得成功，并实现自身的价值和梦想。总之，大学生培养的目标需要综合考虑国家、社会和个人的需求，以培养全面发展的人才，为国家和社会的可持续发展做出贡献，同时也实现自我价值。这些目标应该紧密结合，使大学生在多个层面都能够取得成功。

第二，会计学科的特点使然。首先，会计学科是一门应用性强的学科。会计是一项实际应用广泛的职业，其理论知识需要与实际操作相结合。因此，会计学科的教育和培养重点在于培养学生的实际操作能力和解决实际会计问题的能力。其次，会计学科具有跨学科性质。会计不仅需要具备会计学科的专业知识，还需要了解经济学、法律、管理学等多个领域的知识。这使得会计学科在跨学科研究和综合应用方面拥有独特的地位。再次，会计学科具有国际性。会计原则和标准在国际范围内有广泛的适用性，因此会计学科需要培养具有国际视野和跨文化交际能力的人才，以适应国际化的经济环境。最后，会计学科具有不断更新和发展的特点。会计法规和标准不断变化和更新，因此会计学科需要培养具有学习能力和适应能力的人才，能够不断跟进最新的会计发展和变化。总之，会计学科的特点决定了其在高等教育中的重要性和独特性。会计学科的教育和培养应该注重会计学科的应用性、跨学科性、国际性和发展性的特点，以培养具有综合素质和实际操作能力的会计人才。

第三，会计教师的客观影响。会计教师的角色在会计教育中发挥着重要的作用，他们对学生的学习和职业发展具有深远的影响。首先，会计教师是学生的知识传授者和指导者。他们负责教授会计学科的理论知识和实际技能，帮助学生建立扎实的学科基础。会计教师的教学方法和教育理念直接影响着学生的学术兴趣和学习效果。其次，会计教师是学生的榜样和导师。他们的职业素养和道德品质对学生的人格塑造和职业道德建设具有重要示范作用。会计教师的职业操守和行为规范可以直接影响学生的职业道德观念和职业行为。再次，会计教师是学生的引路人和职业导向者。他们可以为学生提供关于会计职业的信息和指导，帮助学生选择适合自己的职业发展方向。会计教师的职业经验和行业了解对学生的职业规划和就业具有重要帮助。最后，会计教师还是学术研究和学科发展的推动者。他们的研究成果和学术贡献可以影响会计学科的发展方向和学术进展，对整个学科领域产生积极的影响。综上所述，会计教师的客观影响不仅体现在知识传授和教育指导方面，还体现在道德榜样、职业导向、学术研究等多个方面。他们的教育理念、职业操守和学术贡献都会对会计学科和学生的发展产生深远影响。因此，会计教师应当认真履行教育使命，不断提升自己的教育水平和职业素养，以更好地为学科和学生的发展做出贡献。

3. 原则的贯彻

会计教师如何在自己的教学中遵循与贯彻这一教学原则呢？这需要通过强调三个方面的认识来落实。

第一，要全面理解人格教育的含义。会计教师在承担教育教学任务时，需要全面理解人格教育的含义，这是因为会计教育不仅仅要传授专业知识和技能，还要培养学生的良好人格和促进他们的全面发展。首先，人格教育是培养学生的道德品质和价值观念的教育。会计教师应当注重学生的道德教育，传授诚实守信、责任感、公平正义等道德价值观，引导学生在职业生涯中坚守职业道德规范，不做虚报冒领、贪污受贿等违法违纪行为，培养出品德高尚的会计专业人才。其次，人格教育是培养学生的综合素养和社会适应能力的教育。会计教师应当关注学生综合素质的发展，包括沟通能力、团队协作能力、创新能力等，帮助学生适应多元化的社会环境，不仅仅要培养会计专业的技术能力，还要关注学生的职业素养和综合素养。再次，人格教育是培养学生的自我认知和职业规划能力的教育。会计教师应当引导学生认清自己的兴趣和优势，帮助他们明确职业发展的方向和目标，培养他们自我管理和职业规划的能力，使他们在会计领域有明确的职业发展路径。最后，人格教育也是培养学生的社会责任感和公民意识的教育。会计教师应当教育学生不仅要关注自身的职业发展，还要关注社会问题和公共利益，培养他们的社会责任感和公民意识，激发他们参与社会公益活动和社会改革的积极性。

总之，会计教师需要全面理解人格教育的含义，将人格教育融入会计教育的全过程中，培养具备良好道德品质、综合素养、职业规划能力和社会责任感的会计专业人才，以满足职业和社会的需求。这样的教育理念和实践将有助于培养更具社会价值和竞争力的会计专业人才。

第二，要以渗透作为途径。渗透是指将人格教育的内容和理念融入会计教育的各个环节和方面，使学生在学习会计知识和技能的过程中，自然而然地接受和内化人格教育的要求。首先，会计教师可以通过教材的选择和编写来渗透人格教育。在选择或编写会计教材时，可以着重在案例分析、伦理道德问题、职业规范等方面融入人格教育的内容，让学生在学习会计知识的同时，也能够接触到与人格教育相关的材料和案例，引发他们的思考和讨论。其次，会计教师可以通过教学方法和教学过程来渗透人格教育。在课堂教学中，可以采用分组讨论、案例分析等教学方法，引导学生思考伦理道德问题，培养他们的责任感和职业道德观念。同时，会计教师可以通过实际案例的分析和讨论，让学生更深入地理解职业道德的重要性。再次，会计教师可以通过一对一辅导或小组指导来渗透人格教育。在与学生的一对一辅导或小组指导中，会计教师可以更深入地了解学生的个性和特点，针对性地进行人格教育的培养。会计教师与学生的互动和交流，可以帮助他们解决伦理道德方面的问题，培养他们的职业操守和社会责任感。最后，会计教师可以通过实践活动来渗透人格教育。组织学生参与会计实践、社会服务等活动，让他们在实际工作和社会互动中，体会伦理道德的重要性，培养社会责任感和公民意识。这种实践教育可以让学生更加深刻地理解和领会人格教育的内涵。总之，会计教师要以渗透作为途径，将人格教育融入会计教育的方方面面，培养具备良好道德品质和职业操守的会计专业人才。通过综合的教育方法和实践活动，可以帮助学生形成健全的人格和正确的职业道德观念，为他们未来的职业发展打下坚实的基础。这样的教育理念和实践将有助于培养更具社会价值和竞争力的会计人才。

第三，以不脱节作为规范。会计教师以不脱节作为规范，是指在会计教育中，教师要坚持将伦理道德教育与会计知识教育相互融合，不让两者脱节，以确保学生在学习会计知识的同时也能养成良好的伦理道德品质和职业操守。首先，不脱节要求会计教师在课堂教学中将伦理道德教育与会计知识进行有机结合。在传授会计知识的同时，教师应引导学生思考伦理道德问题，让他们了解伦理道德与会计实践的紧密关联。通过案例分析、讨论等教学方法，教师可以引导学生思考如何在会计工作中维护职业操守、保持诚信，使伦理道德教育与会计知识教育相辅相成。其次，不脱节要求会计教师在教材选择和编写中注重伦理道德教育内容的融入。教材中应包括与伦理道德有关的案例、伦理准则、职业道德要求等内容，让学生在学习会计知识的同时也能够接触到相关的伦理道德材料。这有助于学生更好地理解伦理道德的重要性，并将其应用到实际会计工作中。再次，不脱节要求会计教师通过课外活动和社会实践来培养学生的伦理道德意识。教师可以组织学生参与志愿活动、社会服务项目等，让他们走进伦理道德的实际应用场景，培养社会责任感和职业操守。通过实践活动，学生可以更深刻地理解伦理道德的内涵，形成积极的伦理道德观念。最后，不脱节要求会计教师在评价学生综合素质时充分考虑伦理道德因素。教师可以在考核、评分等方面加入伦理道德的要求，以鼓励学生积极培养良好的伦理道德品质。同时，教师也要针对学生的伦理道德表现做出及时反馈，帮助他们不断提高职业操守和伦理道德素养。总之，会计教师以不脱节作为规范，是为了确保会计教育能够全面培养学生的综合素质，包括伦理道德品质和职业操守。将伦理道德教育与会计知识教育有机结合，可以培养学生的伦理道德意识和职业操守，从而培养出更加有社会责任感和职业道德观念的会计专业人才，为行业的可持续发展做出贡献。

（二）会计原理阐释与会计案例分析相结合的原则

1. 原则的含义

会计行业具有一系列自成体系的规则与原理，形成了相对完备的知识体系。会计、财务管理、审计人员必须掌握这些规则与原理，才能具备相应的工作能力，并从事相应的工作。所以，打算从事会计、财务管理和审计工作的人员，均需学习会计的基本原理，并熟练掌握。高等学校中的会计专业，就是专门培养会计从业人员的，因而必须开设会计专业课程，以向大学生传授这些规则与原理。对会计专业课程的教师而言，在课堂上向大学生介绍与阐释这一系列的会计规则与原理，便成了教学的一个基本任务。

但是，会计的规则也好，原理也好，都是比较抽象的概念体系。规则与原理之间，尽管存在着一定的逻辑关联，但是理解起来仍然是比较困难的。帮助大学生解决理解上的难题，最有效的教学方法便是举实例。用一系列生动的实例来加以说明规则和原理，可以达到深入浅出、形象生动的目的。案例教学便是举实例的最好表现。

会计的规则与原理是为会计工作的实践而设的，其最终指向的还是会计人员的实际操作。对会计专业的大学生讲授会计的规则与原理，实际上也是为了使他们具备实际操作的能力。规则与原理属于知识，实际的操作则属于能力，在知识与能力之间如果没有桥梁连接，也难以达到使学生具备实际操作能力的目的。这座桥梁当然可以由会计的模拟实习或者实践锻炼去架设，但是在理论教学的过程中只能依靠案例分析来架设。如果没有案例分析，会计的原理得不到理解与巩固，原理的阐释便会成为纸上谈兵。可见，将案例分析与原理阐释结合起来，也是培养学生会计能力的需要。

所谓会计原理阐释与案例分析相结合，实际上就是借助企业会计实务中的案例来完成帮助学生理解与掌握会计知识的任务，将抽象的概念与生动具体的例子结合起来。这一原则实际上是教学论中所说的"理论与实践相结合原则"的具体化，也包含了启发性原则、直观性原则与巩固性原则。如果把会计的原理看成是理论，而把会计的案例分析看成是实践，这便是典型的"理论与实践相结合"。同时，教师之所以采用案例教学，也是为了启发学生，以形象具体的例子帮助学生理解。近年来，案例教学大行其道，实际上也是这一教学原则得到体现与落实的标志。

2. 原则的确立依据

案例教学已经成为会计专业课程教学的重要方式，将会计原理的阐释与会计案例的分析结合起来的依据有以下三点。

（1）人才市场的需要

随着全球化和市场竞争的加剧，会计职业不仅仅是财务数据处理和报告的职业，还涵盖了广泛的财务管理、风险管理和战略规划等领域。

①专业知识。市场需要具备扎实的会计专业知识的会计从业人员，他们能够理解国际财务报告准则和国内财务报告准则（CAS）等相关法规，以确保合规且

准确的财务报告。

②财务管理。企业越来越需要会计从业人员在财务管理方面发挥作用,包括预算管理、成本控制、资本预算和财务分析等,以帮助企业制定长期和短期的财务战略。

③风险管理。随着市场的不断波动和不确定性的增加,企业在风险管理方面的需求也在增加。会计从业人员需要能够识别和评估风险,并提供相关建议以降低风险。

④数据分析。大数据时代的来临使得数据分析变得相当重要。会计从业人员需要具备数据分析的能力,以挖掘数据中的价值,并为企业提供战略性建议。

⑤技术技能。数字化技术的普及改变了会计工作的方式。市场需要会计从业人员掌握财务软件、数据分析工具和人工智能技术的使用方法,以提高工作效率和准确性。

⑥职业操守。会计从业人员的职业操守在会计工作中起着举足轻重的作用,市场需要诚实、守信和负责任的会计从业人员,需要他们维护企业的声誉和合规性。

⑦沟通和团队合作。会计从业人员需要与不同部门和利益相关方进行有效的沟通和合作,以满足企业的多样化需求。

总之,会计人才市场的需求不断演变,会计从业人员需要具备更多的技能和能力,以适应复杂多变的商业环境。那些能够不断学习和提升自己的会计专业人才将在市场上具有更大的竞争力,获得更多的机会。

(2)会计学科教学的需求

会计学科的教学需求受到多方面因素的影响,这些因素在不断演变和发展,推动着会计学科教育的变革和更新。

①国际化。随着国际化程度的加深,国际会计准则的应用越来越广泛。会计教育需要更加国际化,培养学生具备处理国际财务报告和跨国公司会计的能力。

②技术驱动。信息技术的不断发展对会计学科产生了深远影响。会计教育需要整合技术应用,培养学生使用财务软件处理财务数据的技能。

③实践导向。市场对毕业生的实际技能和经验有了更高的要求,会计教育需要更加注重实践培训和实际案例分析,使学生具备解决实际问题的能力。

④财务管理。会计学科不再局限于财务报表和账务处理,还包括财务管理、

风险管理和投资决策等领域。会计教育需要扩展课程内容，涵盖更广泛的会计专业知识。

⑤职业操守。遵守道德原则和职业操守在会计领域尤为重要。会计教育需要强调道德原则和职业操守，培养学生具备诚信和负责任的职业态度。

⑥数据分析。大数据和数据分析的兴起使数据处理和分析成为会计工作的一部分。会计教育需要加强数据分析技能的培养，以适应数字时代的需求。

⑦跨学科。会计学科与其他学科如经济学、管理学、法律等有着密切的关联。会计教育需要促进跨学科合作，使学生能够综合运用多学科知识解决问题。

⑧持续学习。会计领域的法规和标准不断变化，会计从业人员需要不断学习和更新知识。会计教育应培养学生具备终身学习的能力。

综上所述，会计学科教育需要不断适应变化的市场需求和技术发展，培养具备全面技能和综合素养的会计专业人才，以满足现代商业环境的复杂要求。这要求会计教师保持灵活性和创新性，不断调整课程和教学方法，以培养具备未来竞争力的会计专业人才。

（3）教师追求良好教学效果的需要

教师追求良好的教学效果是教育工作中的一项重要任务，这是因为教育的目标不仅仅是传授知识，更重要的是培养学生的综合素养和能力。

①学生成功。教师希望看到自己的学生在学业上取得成功。他们希望学生能够理解和掌握教材，取得好成绩，为未来的职业生涯做好准备。

②学生成长。教师关心学生的全面成长，包括智力、品德、社交等各个方面。他们希望能够培养学生的批判性思维、创新能力、领导力和社会责任感。

③职业满足感。教师追求良好的教学效果也是为了获得职业满足感。看到学生取得进步和成功，可以给教师带来满足感和成就感，激发他们对教育工作的热情和动力。

④社会影响力。教师希望通过教育工作对社会产生积极影响。他们相信教育是社会进步的重要推动力量，因此追求良好的教学效果可以增强他们的社会影响力。

⑤教育改革。教师追求良好的教学效果也可以推动教育改革和创新。通过不断改进教学方法和教育模式，他们可以为教育体系的改革做出贡献。

总之，教师追求良好的教学效果是为了学生的成功和成长，也是为了获得职业满足感和社会责任感。他们在教育工作中发挥着重要的作用，对社会和学生都有着深远的影响。因此，追求良好的教学效果是教育工作的核心任务之一。

3. 原则的贯彻

会计原理阐释与会计案例分析相结合的原则在教学过程中得到遵循与贯彻，需要会计教师牢固树立以下基本观念。

第一，树立理论联系实际的观念。会计原理阐释实际上是理论阐释，会计案例分析实际上是实际分析，这两者的结合就是理论与实际的结合，体现的就是理论联系实际的观念。树立理论联系实际的观念是指在学习、工作和生活中，始终将理论知识与实际情况相结合，将抽象的理论应用到具体的实践中去，在不脱离实际前提下去理解和运用理论。这一观念强调理论与实际的有机统一，只有理论与实践相结合，才能取得更好的成果和效益。在教育领域，树立理论联系实际的观念意味着教育应该紧密结合学生的实际情况，使教学内容更具现实意义，培养学生解决实际问题的能力。在工作领域，树立理论联系实际的观念意味着在解决问题和进行决策时，要考虑实际情况，不脱离实际去制订计划和策略。总之，树立理论联系实际的观念是一种具有实用性和务实性的思维方式，有助于更好地应对各种挑战和问题。

第二，树立互动的观念。会计教学应树立一种互动的观念，强调教师和学生之间的互动与合作，以促进更深层次的学习和理解。这种观念认为教育是一个双向的过程，教师不仅是知识的传递者，还是学生学习的引导者和合作伙伴。在会计教学中，教师应鼓励学生提出问题、分享观点，并积极参与课堂讨论和实际案例分析。这种互动的教学方法有助于学生积极参与学习过程，培养批判性思维能力和解决问题的能力，提升他们的学习效果和提高他们的职业素养。同时，教师也可以从学生的反馈和互动中获取信息，不断改进教学方法和内容，实现教育教学的双赢。因此，树立互动的观念在会计教学中具有重要的意义，有助于培养具备实际操作能力和创新能力的会计专业人才。

第三，树立研究性教学的观念。教学常常存在不同的形式，包括基于教材顺序的理论传授、基于实践操作顺序的技术传授，以及将理论与实践相结合的教学方式。其中，将会计原理阐释与会计案例分析结合起来的教学方式被视为研究性教学。这种教学方式要求教师不仅传授知识，还要引导学生进行研究和探讨。教师与学生共同参与研究过程，让学生重新思考会计原理的建立过程，培养他们的批判性思维和问题解决能力。这种研究性教学有助于学生更深入地理解会计理论，并将其应用到实际情境中。同时，它也能激发学生的学习兴趣，提高他们的学习动力。对会计教师来说，树立研究性教学观念意味着要不断寻求教学方法的创新，积极参与学生的学习过程，鼓励他们提出问题、进行讨论，并提供必要的指导和支持。这种教学观念不仅有助于提高教学质量，还有助于培养更具研究能力和实际操作能力的会计专业人才。因此，研究性教学观念在会计教育中具有重要的价值和意义。

（三）会计知识传授与会计法规传播相结合的原则

1. 原则的含义

会计教学的目标在于为社会培养合格的会计专业人才。经济活动中的会计、财务管理与审计存在着一系列客观的规律、程序与规则。这些规律、程序与规则被总结出来，便构成了会计学科的知识体系。对于会计从业人员而言，必须牢牢掌握这一知识体系，否则，可能会在工作中出现差错，难以胜任工作。以培养会计、财务管理与审计人员为任务的会计教学，要承担传授会计知识的责任，使会计专业的大学生将来能根据实践过程的规律与规则来处理会计事务，胜任会计工作。所以，会计教学必须做好传授会计知识的工作。

会计知识传授与会计法规传播相结合的原则是指在进行教育和培训时，将会计理论和实践知识与相关的会计法规进行有机结合的一项重要原则。这意味着在培训会计从业人员时，不仅仅要传授会计学科的核心知识，还要强调在实际工作中遵守会计法规的必要性和重要性。坚持这一原则的目的是培养会计从业人员具备全面的会计知识和技能，以便合法、合规地进行会计工作，确保财务信息的准确性和透明度，同时遵循国家和地区的法律法规，避免不当行为。通过将会计知识传授与会计法规传播相结合，可以培养出更加专业和负责任的会计专业人才，有助于提高会计领域的稳定性，维护金融市场的健康发展。这一原则的实施也有助于企业和组织在财务管理上遵守法律法规，避免潜在的法律风险。因此，会计知识传授与会计法规传播相结合的原则对于会计教育和实践具有重要的指导意义。

2. 原则的确立依据

该原则的提出主要基于以下几个方面的客观事实。

首先，会计知识与会计法规对会计业务的同时制约。会计知识与会计法规对会计业务的同时制约是指在进行会计工作的过程中，会计从业人员需要同时遵循相关的会计知识和会计法规，这两者之间存在相互制约的关系。会计知识包括会计原则、会计方法、财务报表编制等相关理论和实践，它们为会计业务提供了基本框架和指导；而会计法规则是法律体系中的相关规定，要求会计从业人员在出具财务报告和进行业务操作时严格遵守法律法规的规定。

这种同时制约的关系意味着，会计从业人员在开展会计工作时必须确保他们的做法不仅要符合会计学的基本原则和标准，还要符合相应的法律法规。如果会计业务的处理方式与相关法律法规不符，就会产生法律风险和法律责任。相应地，如果会计从业人员忽视了会计学的基本原则，就会导致财务报告的不准确，从而损害企业的声誉和财务健康。因此，会计知识与会计法规对会计业务的同时制约要求会计从业人员在实践中保持平衡，既要遵守法律法规的要求，又要确保财务报告的准确性和透明度。这需要会计从业者具备深厚的会计知识，同时了解并遵守相关的法律法规，以确保会计工作既合法合规，又能够满足财务报告的要求。这一制约关系在维护企业财务的稳健和透明性方面起着关键作用，有助于保护投资者的利益和维护金融市场的健康发展。

其次，会计知识与会计法规动静相随。会计知识与会计法规动静相随意味着在会计领域，知识和法规之间存在密切的关联和互动。具备扎实的会计知识是会计从业人员应具备的核心素养，会计知识包括会计原则、财务报告编制、会计方法等，它们为财务数据的记录和分析提供了理论基础和实际指导。同时，会计法规则是政府机构或监管机构制定的规章制度，旨在规范会计从业人员的行为，保护投资者的权益，维护金融市场的秩序。

动静相随的含义是会计知识和会计法规不是孤立存在的，而是相互影响和相互依赖的。会计知识为会计从业人员提供了正确的财务处理方法和流程，以确保财务报告的准确性和可信度。会计从业人员在处理财务数据时必须遵守相关法规，以避免法律风险和法律责任。此外，会计法规也会受到会计知识的影响。随着会计行业的发展，会计知识的更新和变革会引发相关会计法规的修改和调整，以适应新的业务环境和需求。因此，会计从业人员需要不断学习和更新自己的会计知识，以适应不断变化的会计法规要求。

总的来说，会计知识与会计法规动静相随，要求会计从业人员在实践中平衡两者，确保会计业务的合法合规，同时确保财务报告的准确性和透明度。这种相互关联有助于维护企业的财务稳健，确保投资者的信心和金融市场的正常运转。

最后，会计知识与会计法规刚柔相济。刚柔相济的理念强调在会计领域中会计知识与会计法规的平衡和调和。会计知识代表了会计专业的技术和原则，涵盖了财务报告、会计准则、财务分析等核心领域，是会计从业人员必备的基础知识。同时，会计法规是政府或监管机构制定的法律和规则，旨在规范会计工作、保护投资者权益和维护市场秩序。

刚柔相济的概念强调了会计知识和会计法规两者之间的协调和平衡。"刚"指的是会计法规的严格要求和明确规定，要求会计从业人员遵守法律法规，确保会计活动的合法性和合规性。"柔"则体现为会计知识的灵活性和适应性，会计从业人员能够根据具体情况和业务需求进行调整和应用，以确保财务报告的准确性和完整性。

在实际操作中，会计从业人员需要在会计法规的指导下，巧妙地运用会计知识，确保会计业务既符合法律规定，又满足财务报告的质量要求。这种平衡要求会计从业人员具备良好的专业判断力和职业操守，能够在会计法规的框架内灵活运用会计知识，以更好地为企业或组织提供可信赖的财务信息。

总之，会计知识与会计法规刚柔相济的原则强调了会计工作的平衡和协调，要求会计从业人员不仅要遵守法律法规，还要灵活运用专业知识，以确保财务报告的合法性、准确性和完整性。这有助于维持会计从业人员的诚信、维护企业的财务的稳健，同时保护了投资者的权益，促进了金融市场的健康发展。

3. 原则的贯彻

会计知识传授与会计法规传播相结合的原则在教学过程中得到遵循与贯彻，需要强化以下基本观点。

第一，将会计法规视为知识。通常情况下，我们倾向于将会计法规视为一系列规则和法律要求，其主要目的是规范会计实践、保护投资者权益以及维护市场秩序。然而，将会计法规视为知识意味着将其看作一个深刻的学习领域，其中包含了大量的信息。

将会计法规视为知识使我们更容易理解它们的本质和价值。会计法规的制定背后通常有着丰富的会计理论和实践经验，它们是在特定背景下制定的，旨在解决特定的会计和财务问题。这些法规中蕴含着丰富的会计知识，涵盖会计原则、财务报告准则、税务法规等。

将会计法规视为知识还可以帮助会计从业人员更好地理解其背后的逻辑和目的，而不仅仅是将其视为约束和限制。这种视角有助于会计从业人员更深入地掌握会计法规，提高在实际工作中的运用能力，并更好地为企业或组织提供合规和高质量的财务报告。

总之，将会计法规视为知识是一种有益的思维方式，有助于会计从业人员更好地理解和运用这些法规，同时也提醒着我们会计领域的知识体系十分规范，为财务领域的发展和会计从业人员专业水平的提高提供了有价值的思考路径。

第二，将两类知识与会计操作挂钩。一方面，会计操作必须建立在坚实的会计理论基础之上。会计理论知识涵盖了会计原则、准则、概念等，它们为财务数据的记录、分类、归档和分析提供了理论支持。会计从业人员必须了解这些理论原则，以确保会计操作的准确性和合理性。另一方面，会计操作也必须遵循相关的法规和法律要求。包括税法、公司法、审计法等各种法律框架，这些法规是会计从业人员在财务报告和财务管理中必须遵守的规定。不遵守法规就会承担法律责任。因此，会计从业人员必须熟悉并遵守相关法规。

将会计理论知识与法规知识挂钩，可以帮助会计从业人员在实际操作中找到平衡点。他们需要将会计理论知识用于实际数据处理和财务报告的编制，同时确保这些操作符合法规的规定。这需要会计从业人员具备专业判断力、严守操作流程，以确保财务报告的准确性、合法性和合规性。

综上所述，将两类知识与会计操作挂钩是确保财务数据的可信度、透明度和合法性的关键步骤。这种综合性的知识应用有助于维护财务领域的稳定性和透明性，同时保护了投资者的权益，为企业和组织提供了可信赖的财务信息。

第三，将两类知识与其他知识相联结。将会计知识与会计法规知识与其他知识相联结是推动会计领域的综合性发展和实践的关键一步。会计知识和会计法规知识虽然在财务领域中比较重要，但它们并不孤立于其他领域存在。与其他知识领域的联系能够丰富会计从业人员的视野，提高实际应用的效果。首先，将会计知识与经济学、金融学等相关领域的知识相联结，有助于更深入地理解财务数据的经济背景和市场环境。这种联结可以帮助会计从业人员更好地分析和解释财务数据，为企业或组织提供战略决策的支持。其次，将会计知识与信息技术领域的知识相结合，可以推动数字化会计的发展。随着技术的进步，会计领域越来越依赖于数据分析、人工智能和大数据处理等技术。将会计知识与信息技术知识相联结，可以提高会计工作的效率和精确度。再次，将会计知识与法律领域的知识相结合，有助于会计从业人员更好地理解和应对会计法规的复杂性和变化性。法律知识能够帮助会计从业人员更好地解释和遵守法规，减少法律风险。最后，将会计知识与伦理学知识相联系，有助于加强会计从业人员的职业道德建设。伦理学的原则可以指导会计从业人员在处理财务数据和信息时的决策和行为，确保其在合规性和道德性方面保持高标准。

综合来看，将会计知识与其他知识领域相联结有助于提高会计从业人员的综合素质、提升他们在会计工作中的实际应用效果。这种综合性的知识应用有助于维护财务领域的稳定和诚信，为企业和组织提供了更可信赖的财务信息，同时也促进了会计领域的不断发展和进步。

（四）会计技能训练与会计心理锻炼相结合的原则

1. 原则的含义

会计技能训练与会计心理锻炼相结合原则强调在培养会计从业人员时，不仅需要关注其技术和操作能力的培养，还需要关注其心理素质的培养与发展。这一原则的含义是将会计实际操作与心理健康、应对压力、决策能力等心理因素相互结合，以培养更全面、稳定和适应性强的会计从业人员。

从技能训练的角度来看，会计从业人员需要具备会计从业的技术和操作技能，包括财务报表编制、审计、税务处理等。这些技能需要通过系统的培训和实践才能掌握和提高，以确保其在实际工作中能够胜任各种任务。技能训练是会计从业人员进行工作的基础，是确保工作准确和高效的关键。

然而，与技能训练相辅相成的是会计心理锻炼。会计工作会面临复杂的情况、沉重的压力和繁复的决策，因此会计从业人员需要具备健康的心理、抗压能力和决策能力。会计心理锻炼包括情绪管理、应对工作压力、处理冲突和做出艰难决策等方面的培训。这有助于确保会计从业人员在高压环境下能够保持冷静、客观和专业。

将会计技能训练与会计心理锻炼相结合的原则意味着综合考虑了会计从业人员的技术和心理素质，以培养更全面、更专业的会计从业人员。这种综合性培训有助于提高会计工作的质量和效率，减少错误，降低风险，同时也有助于促进会计从业人员的职业发展和个人成长。最终，这一原则有助于确保财务领域的稳定性和诚信，维护金融市场的正常运转和投资者的信心。

2. 原则的确立依据

会计技能训练与会计心理锻炼相结合原则的提出主要基于下列依据。

首先，会计技能是会计从业人员的心理的体现与反映，这一观点强调了会计工作中的心理因素在技能表现中的重要性。会计工作不仅仅是数字和数据的处理，还涉及大量的决策、判断和各种复杂情况的应对。在这个过程中，会计从业人员的心理状态和素质会直接影响他们的技能表现。一是情感和情绪管理是会计工作中不可忽视的一部分。会计从业人员需要在处理财务数据时保持冷静和客观，避免情感干扰对决策的影响。良好的情绪管理能力有助于减少错误和提高准确性，确保财务报告的可信度。二是会计工作常常伴随着高压和紧迫的情况。会计从业人员需要具备应对工作压力和紧急情况的能力，以确保工作的高效和质量。稳定的心理素质和强大的抗压能力对于在高压环境下保持冷静和作出明智决策至关重要。三是道德和职业操守也是会计技能的一部分。会计从业人员需要遵守职业道德准则，保守客户或雇主的机密信息，以及诚实、透明地处理财务数据。这种道德观念和职业操守反映了会计从业人员的心理品质，对于维护企业的诚信和声誉非常重要。

综合来看，会计技能不仅仅是数字操作的体现，也是心理素质的反映。会计从业人员的心理状态、情感管理、抗压能力和道德意识直接影响了他们的技能表现和财务工作的质量。因此，在培养和发展会计技能时，同样需要关注心理素质的培养，以实现技能与心理的良好结合，提高会计从业人员的综合素质，保障会计从业人员的职业成功。

其次，心理状态能够配合与促进技能的表现。心理状态能够配合与促进技能的表现，这一观念强调了心理状态在实际技能展现中的关键作用。在任何职业领域中，尤其是会计，个体的心理素质对于工作的表现和成功都起着重要的作用。一是积极的心理状态可以提高工作效率和专注力。当会计从业人员处于积极的心理状态时，他们更容易保持专注，处理复杂的财务数据和问题时可以减少错误和提高准确性。积极的情感和情绪有助于提升工作的质量和效率。二是心理健康和抗压能力对于应对工作中的挑战和压力来说是很关键的。会计工作涉及期限、复杂的税务法规、审计要求等压力因素，而心理健康的从业人员更有能力应对这些挑战，保持冷静，找到解决问题的方法，而不是被压力所压倒。三是心理素质还与沟通能力和团队合作有关。积极的心态可以增进与同事和客户的交流，促进合作和协作，有助于共同解决面临的问题。四是心理素质还与职业道德和道德决策相关。良好的心理素质可以帮助会计从业人员更容易识别和应对道德困境，坚守职业操守，遵守职业准则和法规。

综合来看，积极的心态、心理健康、抗压能力以及道德意识等心理素质能够与技能相辅相成，促进工作表现的提高。因此，在会计职业中，培养和维护心理素质同样重要，实现技能和心理的良好结合，会进一步提高会计从业人员的综合素质，保障会计从业人员的职业成功。

最后，技能与心理可以在训练之中合而为一、同步发展。技能与心理可以在训练之中合而为一、同步发展，这一理念强调了在培训和发展过程中将技能与心理素质相互结合，以实现更全面的个人和职业成长。在会计领域，这一原则尤为重要，因为会计工作不仅仅需要技术和操作能力，还需要心理素质来应对各种挑战和压力。一是培养技能和心理素质的同时发展可以提高培训的综合效果。在技能培训中，包括财务报表编制、税务处理和审计等方面的技能，培训者可以加入情景模拟和压力测试等元素，帮助学员在模拟的高压环境中练习技能，提高应对挑战的能力。这种综合培训有助于学生更好地准备实际工作中遇到的情况。二是心理素质的培养可以提高个体在技能应用中的决策能力，增强自信心。自信的会计从业人员更有可能充分发挥其才能，而强大的决策能力有助于在复杂的情况下做出明智的判断。在培训中，可以通过情感管理、应对压力和决策训练来培养会计从业人员的心理素质，以促进学生在实际工作中的成功表现。三是培训中也可以强调道德教育和职业操守的重要性。将道德教育与技能培训结合，可以帮助学生在财务工作中更好地识别和应对道德困境，遵守职业准则和法规，确保职业道德的践行。

综合而言，技能与心理在培训中的合而为一可以提高学员的综合素质，增加其在会计领域的成功机会。这种综合培训方法有助于培养全面、有信心、抗压能力强、道德观念坚定的会计从业人员，为其未来的职业发展和个人成长打下了更坚实的基础。

3.原则的贯彻

在会计教学中，遵循与贯彻会计技能训练与会计心理锻炼相结合原则，会计教师需要形成以下三个认识。

第一，坚持以人为本的观点。教育的目标在于塑造人，教学的目标也在于培养人，这个"人"应该是全面发展的人。技能与心理的关系实际就是外表与内核的关系。会计教学，如果带着培养人的观念来操作，便会富于人情味。如果只看重知识与技能的因素，却忽略心灵与个性的因素，会计教学便会成为功利主义的牺牲品，丧失人文主义的色彩。坚持以人为本的观点，始终全面发展人的各项素质，理应成为各门学科教学的共同追求。大学的会计教学在训练大学生的会计技能时，适当注意锻炼其会计心理，就是这一追求的具体体现。

第二，注重综合素质的锻炼意识。我们提倡素质教育，关注的是对学生综合素质的锻炼。这个综合素质既包括知识与技能，也包括体魄与心灵，还包括个性与心理。将技能的训练与心理的锻炼挂钩，实际也就是落实素质教育中锻炼学生的综合素质的观念。财务、会计、审计人员的综合素质包含会计技能，也包含会计心理。其会计技能是一种职业技能，其会计心理也是一种职业心理。所以，锻炼会计专业大学生的会计技能与会计心理，实际上是锻炼其会计职业的综合素质。例如，我们在训练学生的会计信息鉴别技能时，故意让他们去查错与纠错，或者故意让他们犯错后复核，都是在锻炼他们的会计心理，也是对他们的综合素质进行锻炼。

第三，树立心育观念。心育，即心理教育。这是近年来提出的教育主张。以前教育界只提德、智、体、美、劳五个方面的教育，最近大家还提出并接受了第六个方面的教育主张，就是心育。意思是说，在教育教学的过程中，教师应该做到对学生的心理进行教育。我们提出会计技能训练与会计心理锻炼相结合，便是这种心育主张的具体落实。其实，心理的教育与其他五个方面的教育相比较，是一种最能影响人的素质的教育，也是一种最彻底的教育。大学的会计教学是能够为落实对大学生进行心理教育服务的。技能的训练可以在短时期内完成，并且可以不断精进，日臻完善；心理的锻炼则需要一辈子不间断，在职业生涯里不断调适，实现与技能的完美配合。

第二章　会计教学的手段与方法

第一节　会计教学的手段

一、讲授

（一）讲授的含义

讲授是一种教育教学活动，它是一个教师向学生传授知识、信息、技能和概念的过程。在讲授过程中，教师通常会用口头语言、图示、演示或其他教学方式来向学生传达特定主题或内容。这种教学方法通常用于传授理论知识、基本概念和复杂技能，以帮助学生理解和掌握特定领域的信息。

讲授的目的是通过教师的讲解和演示，向学生提供必要的背景知识，帮助他们建立对特定主题或概念的基本理解。教师通常会在讲授过程中提供示例、案例分析或实际应用，以便学生更好地理解所学内容。讲授还可以激发学生的兴趣，引导他们思考和提出问题。

尽管讲授是一种传统的教学方法，但在现代教育中仍然占有重要地位。然而，它通常需要与其他教学方法结合使用，以提供更丰富的学习体验。讲授可以作为知识传授的起点，然后通过小组讨论、实验、项目工作等教学方法鼓励学生参与和互动，以提升他们的学习效果。总之，讲授是教育教学中的一个重要环节，有助于向学生传授必要的知识和技能，为他们的学习提供基础。

对于高校的会计教师而言，"说"也是一种基本的教学手段。面对大学生，教师可根据其年龄、心态、需求与学习规律，采取恰当的讲授手段，既启发他们学，又促使他们学；既帮助他们学，又让他们学会学。这是会计教师的基本职责所在。

首先，会计教师的讲授是知识传授的主要途径。教师通过讲解、示范和解释，向学生传授会计的基本概念、原理和规范。他们的讲授使学生能够建立起对会计学科的基本理解，为他们未来的学习和职业生涯打下坚实的基础。

其次，会计教师的讲授有助于激发学生的兴趣和好奇心。通过生动的讲述、实际案例分析和应用示范，教师可以引导学生深入思考和探讨会计工作的复杂性和挑战性。这有助于激发学生的学习热情，促使他们更深入地了解和研究会计。

再次，会计教师的讲授可以提供实用性指导。他们可以分享自己的从业经验和专业见解，向学生介绍实际工作中的案例和遇到的挑战，帮助学生将理论知识应用到实际问题的解决中。这种实践性的教学有助于学生做好充分的准备，从而从容地进入会计职场。

最后，会计教师的讲授是个性化教育的机会。教师可以根据学生的不同需求和知识水平，调整讲授的内容，以确保每位学生都能够有效地理解和掌握所学的知识。个性化的讲授有助于满足学生的多样化学习需求，对他们的学术成就和职业发展来说是有益的。

总之，会计教师的讲授在培养会计专业人才中起着重要的作用。他们通过知识传授、兴趣激发、实用性指导和个性化教育，帮助学生掌握必要的技能，为他们的职业发展做好准备。因此，会计教师讲授的质量对于会计教育的质量具有重要影响。

（二）讲授的类型

在课堂教学中，教师的讲授大致包括讲述、讲解、提问、答疑、评价五种类型。

1. 讲述

讲述在教育领域中是一种重要的教学方法，指教师以陈述、介绍的方式向学生传达知识和信息。这种教学方法的特点是，教师以平稳、平缓的语调，清晰的口齿，以及适当的动作和表情，将信息传达给学生。讲述通常用于课堂导入、背景介绍、材料补充和穿插过渡等情境中。

在会计教学中,讲述是一个关键的环节。例如,教师可以通过讲述会计的产生与发展来介绍这一领域的历史背景,帮助学生理解会计学科的起源和演变。教师还可以通过讲述会计核算的方法,向学生介绍如何记录和处理财务信息,从而培养他们的会计技能。此外,讲述也用于介绍与会计相关的法律法规,以帮助学生了解会计职业的法律要求和道德规范。教师还可以通过引述会计的案例来生动展示会计概念的实际应用情况,使学生更好地理解和记忆所学内容。

对会计教师来说,讲述需要具备高水平的表达能力。他们需要以简洁明了、通俗易懂、生动形象的语言传达信息,使学生能够轻松理解和掌握知识。此外,一些幽默和风趣的元素也可以增加讲述的吸引力,激发学生的兴趣,提高他们的课堂参与度。

总之,讲述是会计教学中不可或缺的教学方法,它有助于向学生传授知识和技能,提高他们的理解能力,增强他们的学习效果,引导他们进入会计领域。教师通过生动的讲述,可以激发学生的学习兴趣,帮助他们建立对会计学科的基本理解。

2. 讲解

讲解是课堂教学的核心环节,它指的是教师以解释、分析、比较、证明等方式,针对教学中的重点、难点和疑点,向学生进行详细而清晰的讲述,以帮助他们消除理解和掌握知识的障碍。讲解需要教师采用逻辑思维方式,运用分析、归纳、演绎、推理等思维工具,同时运用举例、比喻、手势等教学手段,以提供深入的解释和明确的示范。

在讲解过程中,教师需要做的是引导和解释,他们需要站在学生的角度思考问题,以学生的思维方式进行表达。通过讲解,教师既能够帮助学生理解抽象的概念和原理,又能够帮助学生将理论知识与实际情况联系起来,使学习更加有意义。

在会计教学中,讲解的应用范围广泛。例如,教师可以通过讲解来阐释会计的基本概念和原则,解释财务报表的编制过程,揭示财务分析的方法,分析会计法规和准则的适用情况,以及分析真实的会计案例。讲解在会计教学中有助于培养学生的分析能力、判断能力和批判性思维能力,使他们能够更好地解决复杂的会计问题。

总之，讲解是教育教学中一种重要的教学方法，特别适用于解释和消除学生对知识的疑惑。在会计教学中，教师通过清晰、逻辑、生动的讲解，能够帮助学生更好地理解和掌握会计领域的知识和技能，提高他们对会计知识的实际运用能力。因此，讲解是教学中不可或缺的重要环节。

3. 提问

提问是教学中一种重要的教育方法，它以置疑、问难的方式向学生提出问题，旨在启发思考、促进学习和激发研究兴趣。提问的语气通常是疑问的，有时也带有祈使的语气，其功能包括引导、调动、促进和约束学生的学习。

在教学中，提问具有多重目的。首先，它可以启发学生的思考，激发他们对知识的兴趣。通过提出有挑战性的问题，教师可以帮助学生主动思考和探索，从而提高他们的学习积极性。其次，提问可以促进讨论和互动。教师提出的问题可以引导学生进行讨论，促使他们分享观点和进行深入思考，形成合作学习的氛围。此外，提问还可以用于穿插过渡和引导学生进入新的学习主题。

在会计教学中，提问的方式包括疑问、反问和设问，以及追问、直问、曲问、趣问等。教师提出的问题应该具有一定的价值，能够帮助学生理解和应用知识，而不仅仅是形式上的提问。提问的措辞应该设计得具有引导性，多问一些需要深入思考的问题，少问表面性的问题。

总之，提问是会计教学中的重要工具，它有助于激发学生的思维和兴趣，促进他们的学习和提高他们的参与度。会计教师应该善于提问，根据教学需要和学生的知识水平，巧妙地设计问题，以达到更有效的教学效果。通过精心设计的提问，教师可以引导学生深入思考，拓展知识领域，培养批判性思维和问题解决能力。因此，提问在会计教育中具有重要的地位和作用。

4. 答疑

答疑是教学中重要的互动方式，它包括教师回答自己提出的问题以及解答学生的疑惑。在课堂教学中，答疑是确保学生理解和掌握知识的关键步骤。

首先，答疑可以帮助学生强化和巩固知识。教师通过回答问题或解答疑惑，可以帮助学生核实他们的理解是否正确，强化已学知识。同时，答疑也可以促使学生主动思考和提出问题，从而加深他们对知识的理解。

其次，答疑有助于澄清疑点和解决困惑。学生在学习过程中会遇到各种疑问和困难，教师的答疑可以帮助他们找到答案、解决疑虑、提高学习效率。教师应该耐心倾听学生的问题，并以清晰、简洁的方式回答，确保学生得到满意的解答。

最后，答疑可以引导学生思考和探索。教师可以通过提问的方式，引导学生进行深入思考，促使他们主动探索知识领域，培养独立思考和解决问题的能力。

在答疑过程中，教师可以采用不同的方式和方法。除了直接回答问题，教师还可以以引导的方式提出更多问题，鼓励学生思考并找到答案。教师还可以采用分步骤的答疑方法，逐步引导学生理解复杂的概念和问题。此外，教师可以提供实际示例和案例分析，帮助学生更好地理解知识在实际工作中的应用。

总之，答疑是教学中不可或缺的重要环节，它有助于学生理解、巩固和应用知识。教师在答疑时应灵活机智、具备技巧，以确保学生得到有效的帮助和引导。通过精心的答疑，教师可以促进学生的发展，提高他们的自信和能力。因此，答疑是教育教学中的重要组成部分。

5. 评价

评价是教学中的重要环节，它涵盖了对教学内容和学生表现的分析和褒奖。教师通过评价可以帮助学生了解他们的学习情况，鼓励学生积极参与教学活动，促进学生的进步和成长。

首先，评价包括对教学内容的评析。教师应该对教学材料和内容进行评价和分析，以确保其质量和适用性。这可以包括对教材的评价，以及对课程内容的改进建议。教师应该具备独立见解，勇于提出自己的观点和看法，为教学质量的提升做出贡献。

其次，评价包括对学生表现的评估。教师应该根据学生的答题、练习、操作等表现进行评价，以帮助他们了解自己的优势和不足。评价应该具有中肯、切中要害的特点，以提供有益的反馈和指导。教师应该鼓励学生积极表现，同时指出他们需要改进的地方，以督促学生进步。

最后，评价需要采用适当的语气和方式。评价可以采用陈述语气和感叹语气相结合的方式，以表达对学生的看法。评价应该具有情理相生的色彩，既要鼓励学生，也要提出建议和批评。教师在评价时需要保持客观冷静，不偏不倚的态度，确保评价的公平性和公正性。

总之，评价在教学中具有重要作用，它有助于提高教学质量，促进学生的学习和成长。教师的评价应具备客观且真实的特点，禁止夸大其词、华而不实。通过恰当的评价，教师可以激励学生，提供指导，帮助他们更好地发展和进步。因此，评价对于教师的要求较高，需要综合考虑教学内容和学生表现，并以积极的态度和建设性的方式进行。

（三）讲授的操作

在教学过程中，不管教师讲授的内容和目的如何，也不管教师采用哪种讲授类型，都会表现出一个过程。这个过程包括明内容、理头绪、定语气、控声音、带表情五个环节。每一环节的操作情况分别如下。

1. 明内容

明内容在教学中扮演着关键的角色，它代表了教师要传达的信息和知识。教师的讲授内容应该经过精心策划和明确定义，以确保有效的教学。

首先，明确内容是教学的基础。教师在进行讲授之前，必须明确知道要传达的信息和知识，以及教学目标。这可以通过教学计划和教材的准备来实现，确保内容的清晰度和准确性。

其次，内容的选择应该与教学目标和学生的需求相一致。教师需要根据课程的目标和学生的水平来选择合适的内容，确保内容的相关性和实用性。在会计教学中，教师应该选择与会计概念、原理、规则和实践相关的内容，以满足学生的学习需求。

再次，内容的呈现方式也很重要。教师应该采用适当的教学方法和教学资源，以使内容更具吸引力和易于理解。包括使用案例研究、图表、示例和实际应用等方法，以帮助学生更好地理解和应用所学内容。

最后，内容的更新和调整也是教学中的重要环节。会计领域的知识和法规会不断变化，教师需要及时更新教学内容，确保其与最新的发展和趋势保持一致。此外，根据学生的反馈和表现，教师也应该灵活调整内容，以提供更好的教育体验。

总之，明确的教学目标、相关的实际案例、有趣的呈现方式和不断更新的内容是有效教学的关键要素。教师在教学中应该充分准备教学内容，以确保学生能够充分理解和应用所学知识。通过精心选择和呈现内容，教师可以帮助学生更好地实现教学目标，并为他们的学习提供有价值的经验。

2. 理头绪

首先，厘清头绪有助于教师的表达和学生的理解。当教师在讲授前明确了要传达的内容和思路，可以更流畅地表达，避免在讲授过程中出现混乱或不连贯的情况。同时，清晰的头绪也使学生更容易跟随教师的思路，理解教学内容。

其次，头绪的合理安排有助于教学内容的组织和呈现。教师应该根据教学内容的逻辑结构和重要性来安排头绪，确保内容的组织有序，不会跳跃或混乱。这有助于学生更好地理解和吸收知识。

再次，头绪的整理还应包括学生的接受心理和水平。教师需要考虑学生的背景知识和理解能力，以适应他们的学习需求。如果学生的接受能力较低，教师可以采取渐进式的头绪安排，逐步引导学生理解复杂的概念。

最后，清晰的头绪和合理的安排需要教师在课前做好充分的准备和计划。教师可以制定教学大纲，明确每个部分的重点，以确保课堂讲授的有效性和高效性。

总之，厘清头绪和合理安排对于有效的教学是很重要的。教师应该在讲授前仔细考虑和准备教学内容，确保教学内容有序、逻辑清晰，以促进学生的学习和理解。通过精心安排，教师可以提高教学效果，让学生更容易掌握和运用所学知识。

3. 定语气

语气在教学中具有重要作用，它可以影响教师和学生之间的互动以及教学效果的达成。不同的教学情境和内容需要不同的语气和态度，以适应学生的需求和教学的目标。

首先，语气应该根据受众和教学情境而定。教师在讲授时需要考虑学生的年龄、背景知识和学习能力，以确定合适的语气和态度。对于大学生这样的理性受众，语气可以更为正式和专业，但仍应保持亲切。

其次，语气应该符合教学内容和目标。不同的教学内容需要不同的语气和表达方式。例如，在讲解概念和原理时，语气可以更为严肃和专业，强调逻辑和精确性。而在答疑和评价时，应保持亲切的语气和鼓励的态度，以便建立积极的学习氛围。

再次，语气可以反映教师的个性和风格。教师的语气和态度可以反映他们的教育理念和教学风格。一些教师更偏向于严肃和正式的语气，而另一些更偏向于幽默和轻松的语气。关键是要确保语气与教学内容和学生的需求相匹配，不会影响教学效果。

最后，语气需要与学生的反馈和需求相协调。教师应该倾听学生的问题和意见，根据他们的反馈调整语气和态度。这有助于建立良好的师生关系，提高教学的互动性和有效性。

总之，语气在教学中具有重要作用，它可以影响教师和学生之间的沟通和理解。教师应该根据受众、内容和情境来选择合适的语气和态度，以实现教学的目标并创造积极的学习氛围。通过适当的语气和态度，教师可以更好地与学生互动，加强学生对知识的理解，促进知识的传递。

4. 控声音

声音，指教师讲授时所发出的声音。控声音，指教师在讲授时根据教学的环境与内容来控制自己所发出声音的音量、速度、节奏、停顿、重音等因素，从而使学生更容易接受。在教学活动中，教师讲授的声音应该洪亮，吐字应该清晰，语速有快慢疾徐，语音有抑扬顿挫，节奏分明、停顿适当、重音突出。这些都是控声音的具体内容。会计教师要将理性化的知识讲得生动有趣，必须要在语言控制方面多下功夫。

5. 带表情

表情，指教师讲授时的面部表情，与身体动作简称体态语。教师在课堂上的面部表情能够传情达意。身体动作主要包括手势、站姿、身向，体态语既能协助语言表达意义，又能促使教师发出更加亲切、自然、有效的声音。所以，教师在讲授时必须附带表情与手势。没有表情就会拉开与学生的心理距离，显得目中无人，也会使讲授的内容出现心口不一的特征，很难吸引学生、打动学生、征服学生。特别是会计学科，如果毫无表情地讲述枯燥无味的会计数据，只会降低学生学习会计专业知识的兴趣。富含表情与动作的讲授，既是教师投入的表现，也是教师人情味的集中体现，能够达到良好的教学效果。

二、演示

（一）演示的含义与类型

1. 演示的含义

在会计教学中，教师使用最多的便是演示的方法。这是因为会计是一门实际应用性强的学科，学生需要了解如何应用会计原理和技巧来解决实际的财务问题。演示是一种生动而直观的教学方法，通过展示真实的会计案例、财务报表、会计软件等，可以让学生亲身体验和理解会计知识的实际运用。

通过演示，教师可以向学生展示不同类型的会计交易如何记录和处理，如何编制财务报表，如何分析财务数据，以及如何运用会计工具和软件来简化复杂的会计任务。这种实际演示可以帮助学生更好地理解抽象的会计理论和原则，将理论与实际应用相结合。

此外，演示还可以提高学生的互动性和参与性。学生可以参与到演示中，实际操作会计软件或模拟财务交易，从而增强他们的实际技能和应用能力。这种亲身参与和实践经验对于学生学习效果的提升非常重要。

总之，演示是会计教学中一种非常有效的教学手段，它可以帮助学生更好地理解和应用会计知识，提高他们的实际技能和解决问题的能力。通过生动的演示，教师可以激发学生的学习兴趣，培养他们的会计思维，为他们未来的职业发展提供坚实的基础。

2. 演示的类型

所谓演示，"演"包括操演与演算两种方式，而"示"则包括展示与示范两种方式。所以演示的教学手段，实际上包括操演、演算、展示、示范四种基本类型。会计教学中采用演示的手段，也主要有这四种基本类型。

（1）操演

首先，操演可以帮助学生理解和应用会计原理和技巧。通过实际操作会计凭证、账簿和报表，学生可以更深入地理解会计过程和流程。他们可以亲自参与和处理财务交易，从而提高实际操作能力和解决问题的能力。

其次，操演可以激发学生的学习兴趣。与传统的讲授方式相比，操演更具互动性和参与性。学生可以积极参与到操演中，实际操作会计软件或模拟财务交易，这可以增强他们的学习动力,提高他们的积极性。

再次,操演可以提高教学效率。教师可以利用投影设备或电化教学设备来展示会计凭证、账簿和报表,这可以在课堂上快速而清晰地传达信息,节省教师的讲解时间,提高教学效率。

最后,操演可以增加对教学内容的形象展示。通过操演,学生可以看到实际的会计材料和操作过程,这有助于他们更好地理解和记忆教学内容。操演可以将抽象的会计概念变得具体化和可视化。

总之,操演是一种有益的会计教学方式,它可以提高学生的实际操作能力、激发学习兴趣、提高教学效率,同时也增加了对教学内容的形象展示。教师在会计教学中可以积极采用操演的方法,以提高教学质量、丰富学生的学习体验。

(2)演算

在会计教学过程中,演算是一种非常重要的教学方式,它通过实际的计算和运算来向学生展示会计原理和技巧的应用。演算可以涵盖各种会计核算内容,包括财务报表编制、会计凭证记录、成本计算等。

首先,演算可以帮助学生理解和掌握会计运算的方法和步骤。会计涉及大量的数字和计算,学生需要掌握如何正确地进行核算和计算。通过教师的演算示范,学生可以看到实际的计算过程,了解每一步的原理和操作,从而更好地理解会计知识。

其次,演算可以提高学生的实际操作能力。在会计工作中,实际的核算和计算是必不可少的技能。通过演算,学生可以亲自参与到计算过程中,提高他们的实际操作技能。他们可以学会如何正确地填写会计凭证、计算资产负债表、损益表等。

再次,演算可以帮助学生建立自信心。会计计算有时会比较复杂,学生会感到困惑和不安。通过观察教师的演算示范,他们可以看到正确的方法和步骤,从而进行练习,相信自己也能够正确地进行计算。

最后,演算可以提供互动性和参与性的学习体验。学生可以积极参与到演算过程中,向教师提问和讨论,共同解决问题,这有助于加大学生的学习动力、建立积极的学习氛围。

总之,演算是会计教学中一种非常有效的教学方式,它可以帮助学生理解和掌握会计知识，提高实际操作能力，增加自信心，同时也增加了互动性和参与性。教师在会计教学中可以积极采用演算的方法，以提高教学质量、增强学生的学习效果。

（3）展示

展示作为一种教学手段，在教育领域中扮演着重要的角色。它通过使用各种视觉和实物资源，向学生展示教学内容，以增强他们的理解和记忆。在会计教学中，展示可以包括展示财务报表、会计凭证、实际会计案例、会计软件界面等。通过展示，学生可以看到实际的会计材料和过程，这有助于将抽象的会计概念转化为具体和可视化的形式。展示还可以提供多感官的学习体验，激发学生的兴趣，使他们更深入地参与到教学过程中。总之，展示是一种非常有效的教学手段，它可以帮助学生更好地理解和应用教学内容，提升教学效果，使教学过程更加生动和有趣。

（4）示范

首先，操作示范可以帮助学生理解和掌握会计业务的具体步骤和技巧。会计涉及许多复杂的业务操作，学生需要通过实际的示范来了解每个步骤的执行和具体的技巧。教师的示范可以清晰地给学生展示每个步骤的操作方法，从而使学生更好地理解和掌握。

其次，操作示范可以提高学生的实际操作能力。在会计工作中，准确和熟练的操作是很关键的。通过模仿教师的示范操作，学生可以逐渐提高他们的操作技能，从而更好地应对实际工作中的挑战。

再次，操作示范可以增加学生的信心。学生在学习和操作时可能会缺乏信心。通过观察教师的示范，并逐步跟随示范进行操作，学生可以增加对自己能力的信心，相信自己也能够正确地执行会计业务。

最后，操作示范可以激发学生的学习兴趣。直观的示范可以吸引学生的注意力，使他们更加积极地参与到教学过程中。这有助于提高学生的学习动力，创造积极的学习氛围。

总之，操作示范是会计教学中不可或缺的一部分，它可以帮助学生理解和掌握会计业务操作，提高实际操作能力，增加信心，同时也增加了学习的趣味性和互动性。教师在会计教学中应积极采用操作示范的方式，以提高教学质量和学生的学习效果。

（二）演示的操作

对会计教师来说，采用演示的手段教学，不管是操演与演算，还是展示与示范，任何一次的演示，均会表现出一个清晰的过程。整个过程的每一环节，都有具体的操作方法与操作特征。

这个过程，由明确演示的目的、决定演示的内容、选择演示的时机、体现演示的程序、发挥演示的效果五个环节组成。每一环节的操作情况如下。

1. 明确演示的目的

教学的设备与材料以及教师的演算与示范都是为了更好地传达知识和技能，但它们在信息呈现方式和目的上有着不同的特点。

教学的设备与材料，如投影仪、电子白板、模型、图片等，它们的主要目的是通过视觉和听觉的方式向学生呈现信息。这些设备和材料能够创造生动、直观的教学场景，帮助学生理解和记忆知识点，以及建立对概念和原理的直观印象。它们还可以增强学生的参与感和兴趣，提高课堂互动性，促进学习效果提升。总的来说，设备与材料的使用旨在让学生更好地理解和掌握知识，培养他们的思维能力和观察力。

教师的演算与示范，它们的主要目的是向学生展示正确的操作步骤和技巧。通过实际操作和示范，教师可以向学生传授实际应用技能，引导他们模仿并习得特定的技能。这种方式特别适用于需要实际操作的学科，如会计领域的会计凭证填制和账务处理。教师的演算和示范能够提供清晰的操作范例，使学生能够跟随步骤进行练习，逐渐掌握操作技能。因此，教师的演算和示范旨在引导学生模仿和习得技能，培养他们的实际操作能力。

总之，教学设备与材料以及教师的演算与示范在教学中都具有重要的作用，它们可以根据不同的教学内容和教学目标相互配合，以提供多样化的学习体验，帮助学生更全面地理解和掌握知识与技能。

2. 决定演示的内容

演示在会计教学中的内容通常受到三个主要方面的因素影响，这些因素包括设备的种类、所使用的材料内容以及演示的方式。当会计教师确定了演示的教学目的之后，就需要根据这些因素来精心策划和安排演示的细节。

首先，设备的种类是一个重要的考虑因素。会计教师可以选择使用不同种类的教学设备，如投影仪、电子白板、计算机软件等，来呈现教学内容。不同的设备具有不同的功能和特点，可以用于展示图表、案例分析、数字演算等不同类型的内容。因此，在确定演示内容时，会计教师需要考虑哪种设备最适合达到教学目标。

其次，所使用的材料内容也是影响演示的关键因素。会计教师可以准备各种教材、案例、实例、图表等，这些材料内容应与教学目标紧密相关，能够有效地支持演示过程。材料的选择和准备需要根据教学内容的复杂性和学生的理解程度来进行调整，以确保演示能够清晰、生动地传达所需的信息。

最后，演示的方式也需要根据教学目的来确定。演示可以采用不同的方式，如实际操作演示、图示演示、动画演示等。会计教师需要根据学生的学习需求和教学内容的特点选择合适的演示方式，以确保信息呈现得生动有趣、易于理解。

综合考虑这三个方面的因素，会计教师可以更好地规划和组织演示的内容，以达到教学目标并提升学生的学习效果。因此，在进行演示教学时，教师需要深思熟虑，精心设计演示内容，确保其能够有效地配合教学过程。

3. 选择演示的时机

同样的设备和材料在不同的教学环节操演和展示，会产生截然不同的效果。同样的演算和示范在不同的教学时段出现，也会产生不同的教学效果。

选择适当的时机对于教学的成功至关重要。教师需要仔细考虑在哪个具体时刻使用演示和演示延续，以确保能够最大程度地推动教学目标的实现。时机选择的不当会导致学生的注意力分散，降低教学效果。因此，教师应该在教学设计中合理安排演示和演示延续的时刻，使其与教学内容和学生的学习进程相协调。

此外，演示的时长也需要考虑。在某些情况下，短暂的演示足够让学生理解教学内容，而在其他情况下，需要更长时间的演示来确保学生充分理解教学内容。教师需要根据教学内容的复杂性和学生的学习需求来决定演示的内容和演示的时长，以达到最佳的教学效果。

总之，时机的选择是教学中需要仔细考虑的关键因素之一。通过合理安排演示和演示的时长，教师可以更好地推动学生的学习，提高教学效果。因此，教师在教学过程中应该认真思考和计划时机的选择，以确保教学活动顺利进行并达到预期的教学目标。

4. 体现演示的程序

按照演示程序来设计教材和决定演算与示范的顺序是教学设计中的重要一环。这个程序不仅涉及教学材料的组织和内容的安排，还包括教学结构和教学方法所要求的演示程序。

在教学设计中，教师需要精心考虑如何按照合适的演示程序来呈现教学内容。这包括确定教材的结构，将教学内容分解为合适的单元和步骤，以确保学生能够逐步理解和掌握知识和技能。此外，教师还需要确定演示的顺序，以便有条不紊地给学生演算和示范。

演示程序的设计需要考虑教学的逻辑和学生的学习需求。教师应该明确每个演示步骤的目的和作用，确保演示内容之间的关联性和连贯性。这有助于学生更好地理解和吸收教学内容。

总之，按照演示程序来设计教材和决定演算与示范的顺序是教学设计中的关键步骤。它有助于教师有效地传授知识和技能，帮助学生更好地学习和理解教学内容。因此，教师应该认真考虑和规划演示程序，以提高教学质量和学生的学习成效。

5. 发挥演示的效果

演示在教学中是一种强有力的工具，它可以帮助学生理解和记忆教学内容。

为了发挥演示的最佳效果，教师可以考虑以下几个方法。

①多角度呈现。不仅限于一次演示，可以多次从不同角度或以不同的方式呈现相同的教学内容。通过多次重复演示，可以帮助学生更深入地理解和记忆。

②互动参与。鼓励学生参与演示过程，学生相互交流和问答，甚至亲自参与这个过程。这可以增加学生的参与感和兴趣，使他们更容易记住演示内容。

③制作教学资源。将演示内容记录下来，制作教学资源，如视频或幻灯片，供学生反复查看。这样，学生可以随时复习演示内容。

④结合讲解。演示只是教学的一部分，教师还可以结合讲解，对演示内容进行解释和分析，帮助学生建立更全面的理解。

⑤案例分析。将演示内容与实际案例相关联，让学生通过分析案例来应用演示中的知识。这有助于将理论知识转化为实际技能。

总之，为了克服演示的一次性特征，教师可以采取多种策略，以确保学生能够深入理解和记忆教学内容，从而达到最佳的教学效果。

三、多媒体

（一）多媒体教学的含义与优势

1. 多媒体教学的含义

多媒体教学是将多媒体计算机、投影设备、音频和视频等技术应用于课堂教学的一种现代化教学方式。通过多媒体教学，教师能够利用各种媒体资源，如图像、音频、视频、动画等，将教学内容以更生动、直观的方式呈现给学生。这种教学方式不仅能够提高学生的学习兴趣，还有助于深化他们对知识的理解和记忆。多媒体教学已经成为现代教育中不可或缺的一部分，为教师和学生提供了丰富多样的教学资源和工具，显著提高了教育的质量。

2. 多媒体教学的优势

在会计教学中采用多媒体教学，与传统教学比较起来具有非常明显的优势。

①生动直观。多媒体教学可以通过图像、音频、视频等多种媒体呈现教学内容，使抽象的会计概念和实务变得生动直观。学生可以更容易地理解和记忆所学知识。

②互动性。多媒体教学可以设计互动元素，如测验、练习和模拟案例，让学生积极参与学习过程，提高他们的学习兴趣和参与度。

③多样化的资源。教师可以利用多媒体教学平台来获取各种教学资源，如在线课程、教学视频、数字化教材等。这些资源可以丰富教师的教学内容，给学生提供更多的学习机会。

④个性化学习。多媒体教学可以根据学生的不同水平和学习需求提供个性化的学习路径和反馈。这有助于满足不同学生的学习需求。

⑤时间和地点的灵活性。学生可以在任何时间、任何地点访问多媒体教学资源，提供了学习的灵活性和便利性。

⑥实时更新。会计领域的法规经常发生变化，多媒体教学可以更容易地进行知识的更新和调整，确保学生了解到最新的信息。

综上所述，多媒体教学在会计教学中能够提升教学效果、提高学生的参与度，并适应现代教育的需要。然而，教师在使用多媒体教学时需要谨慎设计教学过程，确保教学内容准确、清晰，以最大化地实现教学目标。

（二）多媒体课件的设计与使用

1. 多媒体课件的设计

会计教师采用多媒体教学面临的最大挑战是教学课件的设计。会计教学的课件设计，既需要会计专业知识，也需要计算机程序设计及其操作的知识，对会计教师来说无疑是一个考验。

做好课件设计工作，需要会计教师先按传统方式设计好书面教案，并确定教学的顺序，然后将其转换为电子教案，使它符合计算机编程的要求，并有利于课堂上的操作。在整理好电子教案以后，教师还要在多媒体计算机上输入教学程序，并进行编辑。编辑时，教师设置好窗口与路径，输入文字、描画图形、设计动画、剪辑影像，配上音乐、语音与音响效果，并完成编导的工作。其最终的成果既可用鼠标操作，也可用键盘操作。

目前，一些专业的教学软件公司已经设计了不少教学课件，其中也包括会计教学的课件，我们可以直接购买使用。不过目前市场上的某些教学课件的设计有一个明显的缺陷，就是过多地考虑了计算机的操作，而忽略了教学的顺序，同时也不足以体现教师的个性化设计。所以，我们在使用这些教学课件时，应该事先做一些技术处理，以使它更适合教师自身的教学习惯。这种修改实际上也是一种设计。相比之下，这条途径更行得通。

2. 多媒体课件的使用

在会计教学中，多媒体课件已经成为一种非常重要的教学工具。多媒体课件结合了文字、图像、音频和视频等多种媒体元素，为会计教师提供了强大的教学资源。利用多媒体课件，会计教师能够更生动地呈现复杂的会计理论和实践，使抽象的概念变得更加具体、更加便于理解。这有助于激发学生的学习兴趣，提高他们对会计知识的理解和吸收能力。

多媒体课件的使用还使得会计教学变得更加更有互动性和趣味性。教师可以设计各种形式的互动活动，如投影演示、模拟案例、在线测验等，让学生积极参与课堂活动，提升他们的学习效果。此外，多媒体课件还能够帮助教师更好地管理教学内容，节省课堂时间，使教学更加高效。

总的来说，多媒体课件的使用丰富了会计教学的内容和形式，提升了教学质量，有助于培养学生的会计专业技能和综合素养。它已经成为现代会计教育中不可或缺的一部分，并继续在未来发挥重要作用。

第二节 会计教学的方法

一、教学方法概述

（一）教学方法的含义

教学方法是指教师在教学过程中采用的一系列有组织的教育手段和策略，以达到教育目标、促进学生学习的过程。这些方法涵盖了如何组织课堂活动、设计教学内容、引导学生思考、评估学习成果等各个方面。教学方法旨在提供一个有效的教育环境，以便学生能够更好地理解和掌握所学知识，培养他们的综合能力。

教学方法的选择取决于多个因素，包括教育水平、学科特性、学生的年龄和背景等。不同的教学方法可以分为多种类型，如讲述法、讨论法、示范法、问题解决法、案例研究法、小组合作学习法等。每种方法都有其独特的优点和适用场合，教师需要根据教学目标和学生的需求来灵活运用这些方法。

教学方法的选择和运用对于教育的成功相当重要。一个合适的教学方法可以激发学生的兴趣，提高他们的参与度，促进深层次的学习。因此，教师需要不断地探索和改进教学方法，以适应不同学生和不同教育环境的需求，从而提高教育质量和达到教学效果。

（二）教学方法的基本观点

为了提高教学水平，教师必须注意使用合适的教学方法。所以采用何种教学方法？怎么运用教学方法？这些问题的答案显得尤为重要。

1. 多样性和适应性

会计教学方法应该多样化，因为不同的学生有不同的学习风格和需求。教师应该灵活地选择和调整教学方法，以满足不同学生的需求。不同的内容和教学目标也需要不同的方法，所以教师应该根据具体情况进行选择。

2. 针对性和个性化

教师应该关注每个学生的个体差异，并采取个性化的教学方法。了解学生的学习风格、强项和弱点，以便根据他们的需求进行教学调整。这有助于提升学生的学习效果增强他们的学习动力。

3. 科学性和创造性

教师应该根据教育科学原理来选择教学方法，确保教学过程合乎科学规律。同时，教师也应该具备创造性思维，不断尝试新的教学方法和策略，提高课程的吸引力并提升教学效果。

4. 不断学习和改进

教育领域不断发展和演变，教师应该保持学习的态度，不断更新自己的教学方法。参加教育培训和专业发展活动，与同行分享经验，以不断改进自己的教学实践。

5. 教育的终极目标

教育的终极目标是帮助学生理解和应用所学知识，培养他们的创造力、批判性思维和问题解决能力。教师应该注重培养学生的综合能力，而不仅仅是传授知识。

这些基本观点可以帮助教师更好地选择和应用适合的教学方法，以促进学生的学习和成长。教育是一项复杂并充满挑战的工作，教师的教学方法和态度将对学生的未来产生深远的影响。

二、会计教学方法的种类

从教学论的角度看，教学方法指的是教的方法与学的方法的总和。由于教学方法多样，所以要谈论会计教学的基本方法，必须找到一条划分的标准来对种种方法进行归类。我们的目标是在众多的说法之中，用高度概括的方式，找出会计教学应该采用的教学方法。

对于教学方法，可以根据不同的分类标准，归类出不同的教学方法。从学生在教师帮助下获取知识的方式看，可以把教学方法分为讲解法与发现法两类；从教育者的哲学观基础看，可以把教学方法分为启发式教学法与注入式教学法两类；从师生的教学活动看，可以把教学方法分为讲授法、研究法、学习法三类；而从学生获取信息的途径与来源看，又可以把教学方法分为语言讲述法、直观演示法、实践练习法三类。但是，这些分类只是粗略的，每一类方法里面又包含若干种教学方法，这样不利于找到清晰的脉络。

站在会计教师的角度来讨论会计教学方法，可以将教学方法分为以下几类：在课堂上，会计教师要么自己讲授，要么组织学生讨论，采用的教学方法就是讲授法与讨论法；在课堂上，会计教师要么让学生做一些消化性的练习，要么让学生做一些模仿性的操作，采用的方法就是练习法与实习法。因此，可以将会计教学的基本方法分成四种：讲授法、讨论法、练习法与实习法。至于自学辅导法、分组研讨法、茶馆式教学法、网络教学法之类的现代教学方法，都是由这几种最基本的教学方法派生出来的。

（一）讲授法

讲授是高校会计教师一种的最基本教学手段，教师的讲授效果对于教学质量来说有着重要的影响。因此，高校会计教师要讲好课程，就必须在讲授上采取一定的方法，具体如下。

1. 幽默风趣法

采用幽默风趣的语言和方式，能够吸引学生的注意力，让课堂更加生动有趣。适度的幽默可以让学生更容易理解和记住课程内容。

2. 举例说明法

在讲授抽象的会计概念和原理时，使用具体的实例来说明，可以帮助学生更好地理解和应用所学知识。举例说明法使抽象的概念变得更具体、更便于理解。

3. 直观辅助法

教师通过面部表情、手势、画图表、展示幻灯片等方式直观地展示教学内容，可以使学生更容易理解和记忆。直观辅助法可以增强教学效果，提高学生的参与度。

4. 逻辑推论法

使用严密的逻辑推理来阐述会计原理和规律，能够激发学生的思考和分析能力。逻辑推论法有助于培养学生的批判性思维。

5. 比喻说明法

教师通过比喻和类比的方式来解释抽象概念，可以使学生更容易理解和记忆。比喻说明法可以使教学内容更具体和生动。

这些讲授方法可以根据具体的教学内容和学生的需求进行灵活运用。教师可以根据自己的教学风格和学生的特点选择合适的方法，以提升教学效果和学生的学习动力。同时，教师应注意避免纯粹的注入式教学，而要积极采用启发式教学，鼓励学生思考和参与。

（二）讨论法

讨论法，又称谈话法，是一种教学方法，其核心是通过教师提出问题，激发学生的积极思考，引导他们表达自己的观点，以促进知识的获取和理解。在这个方法中，教师充当组织者的角色，而学生是讨论的主体。讨论法有助于培养学生的思维能力、沟通能力和批判性思维能力，在教育中有着重要的作用。

因此，从教师的角度来看，讨论法事实上就是组织讨论的方法。在讨论的过程中，不能缺少教师的提问、引导、穿插与评点，更不能缺少学生的参与。所以，讨论法这一教学方法是由师生共同参与和合作的。

讨论，是一个笼统的措辞。课堂上，教师提问学生回答，教师提问学生讨论，学生发问教师答疑，教师出题学生辩论，都属于讨论的范畴。一堂课，全部用于讨论，或者花一段时间讨论，甚至穿插于讲授过程之中的讨论，都属于讨论。讨论可以在全班进行，也可以分组进行。

在会计教学中，会计教师应该充分重视那些具有讨论价值的内容。例如，就审计主体来说，是政府审计好，还是民间审计好？就审计时间来说，是事前审计好，还是事后审计好？就固定资产折旧率来说，是高一点好，还是低一点好？就企业投资来说，是短期投资好，还是长期投资好？就提高企业职工待遇来说，是涨工资好，还是发奖金好？这些问题可以由教师在教学过程中提出疑问使学生探讨。当然，可以用来组织讨论的问题应该具有讨论价值，有利于学生开阔思路，多角度思考问题。对于那些没有讨论价值的问题，学生很难发表不同的见解，无法营造讨论的气氛，也就毫无意义可言。因此，会计教师不能为了讨论而讨论，必须在需要讨论或在具有讨论价值的问题上组织讨论。

对于会计教师来讲，讨论法教学不仅是最基本的要求，而且是最难的要求，目的是使学生有话可说，并能够表达自己的观点，否则无法进行讨论。教师为了做到这一点，有必要在课前就有所交代，告知学生要讨论的问题，让他们查阅资料，思考问题，做好准备。课堂讨论开始之前，也要明确阐述要讨论问题的含义，让学生明确讨论的目的和要点，启发学生多角度思考问题，既求同、也求异。同时，教师还需要向学生提出一些具体的发言要求。另外，讨论开始前，教师也有必要对学生进行鼓励与动员，强调知无不言、言无不尽，允许说错，也允许修正与补充，并把学生课堂上的表现与他们将来的发展联系起来加以强调，以此来激发学生的表现欲望。

讨论的时候，教师尽量少发言，提出问题之后，要给予学生充分的思考时间，教师应该表现出耐心等待和真诚期待的神态，认真倾听每位学生的发言，并对他们进行一定的鼓励和点评。教师特别有必要对不同的意见采取一种兼听的态度，而不是在倾听时表现自己的偏好。

有时，由于表达的原因，学生的发言会言不及义。教师应从学生模糊的陈述中总结出其具有实质性的观点，并肯定其中合理的部分。有时，学生的发言会因为对问题的要点未把握准确而有所偏离，教师便需要再次复述论题的本意并进行提示，而不能有任何不耐烦的表现。当课堂逐渐安静下来，并且持续一分钟无人发言时，教师便需要进一步启发与引导，或者换一个角度提问，或者将论题往纵深方向推进一步，而不要急于自己说出结论。有时，教师也需要控制局面，调节气氛，让学生逐一发言，从而避免混乱的局面出现。

教师在学生讨论过后，应该及时加以总结。总结时，教师需要概述各种意见及其分歧，需要认真梳理各种思路，也需要调节学生的情绪。教师不仅应该积极发表自己的意见与看法，还应该介绍学术界同人的看法，从而开拓学生的思路。教师还应注意评价学生的表现。在评价时，教师应尽量多地给予学生正面评价，可以对学生进行表扬和鼓励。会计教师对大学生的课堂表现决不应该吝惜自己的表扬与鼓励。这种正面评价，能使学生得到肯定，从而增强学生的自信心，并激发他们的学习热情，可谓一举多得。

我们将提问的方法概括为以下五种：

1. 趣问法

这种方法通过幽默和有趣的问题来吸引学生的注意力，使问题更易于理解。幽默可以让课堂更加生动有趣，从而增强学生的参与感。

2. 直问法

直接提问清晰明了，有助于学生迅速理解问题的要点。这种方式适用于要求学生明确回答的问题，有助于避免混淆和歧义。

3. 追问法

追问是引导学生深入思考和展开讨论的有效手段。通过追问，教师可以引导学生探究问题的各个层面，引导他们更全面地回答问题。

4. 曲问法

曲问法通过巧妙的提问方式，将抽象的问题转化为通俗易懂的形式，有助于学生更好地理解问题。这种方法可以打开学生的思维，引导他们从不同角度思考问题。

5. 反问法

反问是一种鼓励学生批判性思考和辩证思维的方式。通过反问，教师可以强调学生的观点，促使他们深入思考问题，为自己的观点提供更多的支持和论据。

这些提问方法不仅可以用于引导课堂讨论，还可以用于激发学生的思维，培养他们的批判性思维和问题解决能力。在教学中，选择适当的提问方法取决于课程内容和教学目标，教师可以根据需要灵活运用这些方法来提高课堂互动和教学效果。

（三）练习法

在会计教学中，练习法是提高学生会计技能和检验知识掌握程度的关键。练习不仅有助于巩固理论知识，还能培养学生的实际操作能力和解决问题的能力。

首先，案例分析是一种常见的练习方法。通过给学生提供实际的会计案例，学生可以应用所学的理论知识来解决实际问题。这种方法可以帮助学生将抽象的概念与实际情境联系起来，培养他们的分析和决策能力。

其次，练习题和习题册也是常用的练习方法。教师可以为学生提供一系列的练习题，涵盖课程内容的不同方面。学生通过解答这些题目，可以检验自己的理解程度，强化记忆，并练习解决问题的技能。

再次，模拟会计操作也是一种有效的练习方法。学生可以在模拟的会计环境中进行实际的会计操作，如记账、编制财务报表等。这种方法可以让学生亲身体验会计工作，培养他们的实际操作技能。

最后，小组讨论和合作练习也有助于学生的练习。通过小组讨论，学生可以共同解决复杂的会计问题，分享不同的观点和解决方案，提高团队合作能力。

总之，练习法在会计教学中是不可或缺的，它们有助于学生将理论知识应用到实际情境中，培养实际操作能力和解决问题的技能。教师应根据课程的需要，选择合适的练习方法，帮助学生更好地掌握会计知识和技能。

从练习活动的特征来看，练习通常可以分为两大类，即答问性练习和操作性练习。答问性练习主要侧重于学生对理论知识的理解和记忆。这类练习通常包括选择题、填空题、判断题等，要求学生通过简洁明了的答案来回应问题。答问性练习有助于学生巩固所学的概念和原理，帮助他们检验自己的知识掌握程度，并提高解答问题的能力。操作性练习更侧重于学生的实际操作技能和解决问题的能力。这种类型的练习包括会计核算、编制财务报表、分析财务数据等具体的会计操作任务。通过操作性练习，学生可以将理论知识应用到实际情境中，培养他们的实际操作技能，提高解决实际问题的能力。综上所述，答问性练习和操作性练习在会计教学中都具有重要的作用。它们相互补充，帮助学生全面掌握会计理论知识和操作技能，为将来的会计工作和学术研究奠定坚实的基础。教师在设计练习活动时应根据教学目标和课程内容的需要，灵活选择和组织这两类练习，以促进学生的全面发展。

从练习进行的场合来看,会计教育通常包括两种基本的练习类型,即课堂练习和课外作业,它们分别具有不同的特点和目的。课堂练习是指在教学过程中,教师组织学生进行的实时练习活动。这种练习通常发生在课堂上,教师可以随时监督和指导学生的练习,提供实时反馈。课堂练习的特点包括互动性强、学生参与度高、教师指导明确等。它的主要目的是帮助学生理解和巩固课堂教学内容,解决他们在学习过程中产生的疑惑和困难,促进知识的内化和技能的提高。课外作业则是指教师布置给学生在课外完成的学习任务,通常需要学生在课堂之外,依据教师的指导和布置,在个人时间内完成。这种练习的特点包括时间灵活、学生自主性强、任务相对独立等。课外作业的主要目的是加强学生的自主学习能力,培养他们的独立思考和问题解决能力,使教学内容的深度和广度相结合。综合来看,课堂练习和课外作业在会计教育中各自扮演重要的角色。课堂练习有助于及时巩固和应用所学知识,促进互动和反馈,提高教学效率;而课外作业则培养了学生的自主性和独立性,让他们有更多的时间和机会深入学习和思考。教师在教学中应结合课程目标和学生需求,合理安排这两种练习,以提供全面的学习支持。

从技能操作的练习方面看,课堂练习通常只能让学生停留在模仿性操作阶段。由于课堂时间的限制以及教学内容繁多,很难在课堂上为每个学生提供足够的机会来深入独立性操作和熟练性操作的机会。在有限的时间内,课堂练习主要用于向学生展示基本的技能和概念,让他们进行理解和练习。要让学生进入独立性操作和熟练性操作的阶段,通常需要更多的时间和个体化的指导。这可以通过课外作业、实验室练习、项目工作等形式来实现,学生在这些场合中有更多的机会反复练习、巩固技能,并逐渐达到独立运用和熟练掌握的水平。因此,课堂练习虽然在技能操作方面起到了重要的引导和启发作用,但要实现深度的技能发展,还需要结合其他形式的练习和实践。

运用练习法的时候,教师需要做好以下三个方面的工作。

第一,定向工作,即明确练习的目标和要求。会计教师需要确保学生了解每次练习的具体目的,明白为什么需要进行练习,以及能够意识到练习的益处。为达到这一目的,教师应明确每次练习的意图,解释练习的要求,强调练习的价值。练习题应当符合针对性、计划性、逐步推进和适应学生水平的原则,确保每个练习都有其明确的目标和要求。

第二，开启工作，即引导和启发学生进行练习。除了告诉学生为何要进行练习，还需要指导学生如何进行练习，否则他们会感到迷茫，不知从何下手。为此，会计教师应提供技能操作的示范，举例解决问题，介绍可供参考的资料，并提供解决问题的方法或思路。学生可以与同学讨论，但练习应该是独立完成的，因此确保学生能够独立完成练习非常重要。

第三，评价工作，即对学生的练习进行评改和反馈。学生完成练习后，需要教师进行反馈和评价。评价不仅仅是指纠正错误，还应强调鼓励和赞扬独到的见解。教师应该鼓励多样性的思考和答案，因此，教师在评改学生练习时，不应仅仅按照固定的标准答案进行评判，而应具备开放的思维、宽容的态度，以及欣赏学生多样性回答的心态。当然，在某些情况下，答案具有唯一性，但在鼓励创新和多样性思考方面，教师应该持开放的态度。

（四）实习法

实习是一种在实践中学习的形式，从学生的角度来看，有四种主要的表现形式。

①在相关课程的教学过程中，由教师组织的阶段性、环节性实践学习。这种实践学习通常与课程内容紧密相关，由教师组织和指导，旨在让学生将理论知识应用于实际情境中。

②在会计模拟实验室中，由教师组织和指导的专项性实践学习。这种实践学习通常包括模拟会计场景和案例研究，以帮助学生模拟真实会计工作情境，提升他们的实际操作能力。

③在企事业单位的会计、财务或审计岗位上，由教师组织并有"师傅"指导的专门性实践学习。这种形式的实习通常涉及学生在实际工作环境中进行会计或财务工作，同时由经验丰富的"师傅"提供指导和培训。

④在企事业单位的会计、财务或审计岗位上兼职工作，通常没有教师组织，甚至没有"师傅"指导，是一种独立性实践学习。这种实习形式是学生自己安排的，并在实践中独立应用他们的会计知识和技能。需要注意的是，这里所说的实习法是从教学方法的角度考虑的，实际上只包括前两种形式，即在会计专业课程和会计模拟实验室中由教师组织和指导的实践性学习。其他两种形式不完全符合这一教学方法的范畴。近年来，一些高校采用分散实习的方式，让学生自行找实

习单位，这种情况与第四种形式相似，因为在这种情况下教师的角色仅限于指导和评价，不直接组织实践学习。

实习法具有以下特点。

①实践性强。实习法强调学生在实际工作环境中应用理论知识和技能，通过实际操作来巩固学习。这使得学生能够更深入地理解和掌握所学内容，提升实际操作能力。

②模拟真实情境。实习法通常会模拟真实的会计工作情境或案例，让学生在仿真环境中练习和运用知识，以更好地适应将来的工作要求。

③教师指导。在实习法中，教师扮演着指导者的角色，为学生提供方向和反馈。教师的专业知识和经验可以帮助学生更好地理解和解决实际问题。

④学生参与度高。实习法要求学生积极参与实际操作和解决问题，培养了学生的主动性和创造性，使他们更具实际工作能力。

⑤综合性培养。实习法不仅注重会计知识和技能的培养，还注重学生的综合素养，如团队合作、沟通能力和问题解决能力等，使学生更具竞争力。

⑥职业准备。实习法有助于学生了解会计职业的要求和期望，为将来的职业生涯做好准备，并建立职业网络。总的来说，实习法通过将理论知识与实际操作相结合，使学生更好地适应职场要求，培养了他们的实际工作能力和职业素养。

练习与实习是有区别的。练习是围绕教材内容进行的，侧重理解、掌握与训练，目的在于让学生"会"；实习围绕会计实际进行，侧重处理、运算与操作，目的在于让学生"用"。实习尽管仍然是练习的一种，但它强调的是工作实践之中的锻炼；练习，特别是操作性练习，尽管也可看成实习的一个方面，但它强调的是训练之中的操作。练习针对的是抽象的技能训练，解答的是面上的"类别"问题；实习针对的是具体的实践操作，解决的是点上的"个别"问题。练习的素材可以虚拟，也可以假定；实习的素材必须来自实际，是收集来的真实材料，加以浓缩与汇总的。这样看来，练习法与实习法尽管都有助于培养大学生的会计技能与实际工作能力，但其表现形式是有差异的。

在会计专业课程教学的课堂上所进行的实习，带有课堂练习的色彩。这种实习活动通常被安排在课程的特定环节，以帮助学生将理论知识与实际应用相结合。与传统的课堂教学不同，这种实习更侧重于学生的主动参与和实际操作。

在这样的课堂实习中，会计教师会设计一系列与课程内容相关的实际案例或问题，要求学生在课堂内完成解决。学生需要运用所学的会计知识和技能，分析和处理真实或模拟的会计情境。与传统的课堂讲授不同，这种实习要求学生积极思考、合作讨论，并在有限的时间内提出解决方案。

教师在这个过程中充当了引导者的角色，教师应提供必要的指导和反馈，确保学生能够正确理解问题，并提供合理的解决方案。这种实习形式强调了实际操作的重要性，有助于学生更好地理解和掌握会计概念，培养了他们的问题解决能力和团队合作能力。

总之，会计专业课程教学中的课堂实习旨在让学生在有限的环境中进行实际操作和练习，以增强他们的会计知识和技能。这种教学方法有助于学生更好地面对真实的会计工作挑战，为未来的职业发展打下坚实的基础。

第三章 互联网时代会计教学改革的趋势

第一节 会计教学的发展现实

一、会计教学的环境分析

（一）社会环境变化

任何形式的教学活动都会受到相关外部条件的影响，我们将这种外部条件统称为教学环境。而会计教学的相关外部条件之间相互影响、相互制约，形成一个纵横交错的网络，从而深刻影响会计教学活动的展开。在知识经济时代，经济全球化的步伐从未停歇，而互联网的普及又使会计教育环境具备因素复杂、变化迅速的特点。在这样的时代背景下，会计专业教师只有快速适应环境变化，并制订合适的培养计划，注重培养学生的适应能力及创新能力，才能培养出与市场需求相符的新型人才。因此，会计教育的开展应注意以下几方面。

①适应经济发展需求。会计教育应紧密关注国家经济的发展趋势和企业经营的新特点，及时调整教学内容和方法，以培养适应经济发展需求的会计人才。这包括关注企业的数字化转型、财务科技应用、绿色会计等新兴领域，使学生具备应对未来会计领域挑战的能力。

②强化社会责任意识。环境保护、社会福利和社会保障等方面的会计知识应当纳入教学内容，培养学生的社会责任感，使他们能够在会计实践中更好地支持社会公益事业、更坚定地遵循可持续发展原则。

③适应政治环境变化。会计教育需要紧密关注国家政治环境的变化，确保教学内容符合国家政策、法律法规的要求。政府对财务监管、税收政策和企业治理等方面的变更都影响会计实践，会计教育应密切关注这些变更。

④强调金融市场和金融会计。随着金融市场的不断发展，金融会计工作内容变得更加复杂和重要。会计教育应加强银行会计、保险会计等领域的教学，使学生了解和掌握金融领域会计的专业知识并具备相关技能。

总之，会计教育需要与社会、政治和经济环境的变化相匹配，为学生提供适用于现实世界的知识和技能，培养具备责任感和适应能力的会计专业人才。

（二）信息技术革命

社会经济运营模式的彻底性改变得益于高速发展的现代信息科技。

1. 会计信息体系的改变

现代信息科技使得会计信息体系变得更加高效和智能化。通过网络平台，会计信息可以实时共享，这使得会计信息不再局限于特定地点或特定人员的访问。此外，计算机科技的应用使得会计数据的处理更加自动化，减少了手动操作的错误和工作量。这种智能化的信息管理体系有助于企业更好地掌控和管理财务情况，提高了决策的效率和准确性。

2. 会计组织结构的改变

传统的金字塔式组织结构正在被新的网络组织结构取代。中层管理在信息科技的支持下不再是必需的，因为信息可以更加直接和及时地传递给各个层级。这也意味着会计系统需要重新思考其组织架构和职责分配，更加注重底层和高层之间直接的互动和沟通。会计教育也需要适应这种变化，培养学生具备更强的信息技术和沟通能力，以适应新的会计组织结构和职业要求。

总之，现代信息科技改变了会计领域的运作方式和组织结构，这对会计教育也提出了新的挑战和机会，需要不断地更新和改进教学内容和方法。

（三）经济全球化

在世界经济逐渐成为一个紧密联系的整体的今天，全球的商品、信息、技术和服务等资源都以实现全球资源的优化配置为目的而自由流动。会计行业在经济全球化的进程中扮演了推动者的角色。会计与音乐一样是没有国界的，因而可以作为商业交流的专用语流通于各国。然而国际会计准则之间的巨大差异成为经济全球化发展的巨大障碍，不但会增加资金消耗，浪费资源，同时还可能在各国贸易时引起纷争。

因此，制定一个国际认可的会计制度与准则势在必行。经济全球化是推动会计行业国际化的原动力，同时又对我国会计教育的发展提出了新的要求。全能型国际人才日益成为市场需求的主流。在这样的全球形势下，国外高校纷纷采取优惠政策吸引中国学生出国深造，与此同时，国外企业在中国办学教育的限制也逐渐放宽，从而对我国教育行业造成了强烈的冲击。

而会计资源的争夺又给我国会计教育事业的发展提供了新的契机。我们可以将国外成功的教学经验与我国的具体国情相结合，制定适应我国国情的会计教育发展策略。

随着经济全球化程度的加深，克服因国家之间社会背景及经济、政治背景不同所产生的会计准则与规范的差异，推动国际通用会计准则的制定与发布，增加会计信息的可靠性，推动会计国际化，降低交易成本，进一步促进国际贸易的开展，已经迫在眉睫。

（四）知识经济的发展

1. 知识经济的重要性

在知识经济时代，知识成为推动经济发展的主要生产力之一。这意味着会计专业人才需要不断更新知识储备和技能，以适应新经济环境和需求。会计不再仅仅是财务报表的编制和审计，还涉及更广泛的知识领域，如数据分析、信息技术和商业智能等。

2. 无形资产和服务性业务的崛起

随着经济的发展，越来越多的企业投资无形资产，如品牌价值、专利和知识产权等。同时，服务性业务也日益增多，这些业务需要高度的知识和专业技能来支撑。会计专业人才需要适应这些趋势，才能够更好地理解和报告无形资产和服务性业务的价值。

3. 信息技术的支持

信息技术在知识经济时代发挥着关键作用，为会计教育和实践提供了技术支持。现代会计需要使用各种软件和工具来管理和分析财务数据，因此，会计专业人才需要掌握信息技术，包括数据分析、云计算和人工智能等领域的技术。

4. 创新会计教育

随着经济环境的变化，会计教育也需要创新。教育机构需要更新课程，引入新的知识领域，培养学生的创新思维和问题解决能力。同时，教育方式和方法也需要适应现代技术，如在线学习和远程教育等，以满足学生的需求。

总之，知识经济时代为会计行业带来了新的机遇和挑战，要求会计专业人才掌握更广泛的知识基础、具备更专业的综合技能，以适应不断变化的经济环境。会计教育和实践需要与时俱进，以培养更多适应知识经济时代需求的优秀会计专业人才。

（五）教育机构的竞争

在经济全球化的今天，随着竞争的日益激烈，竞争的领域也逐渐延伸到了教育领域。在这样的社会背景下，国内高校纷纷开始与国际相关组织合作办学。这在会计行业主要表现为将国内的学历教育与国际的会计资格认证相结合。一方面有机会培养出国际认可的会计专业人才，另一方面也在一定程度上改善了我国会计教育的落后局面。与此同时，我国对在华兴办教育的条件也做了相应调整，以吸引更多的外国资本来中国兴办教育。在这样的条件下，本土的教育结构就与国外新办的教育企业形成了直接竞争关系。国际教育行业的竞争是一把双刃剑。一方面，在争夺教育资源的同时，为我国会计教育行业提供了接触不同理念与知识的机会，有利于会计教育机制的改革和发展；另一方面，国际会计教育对我国会计教育造成巨大的冲击。顺应时代发展潮流，培养适合时代需求的新型人才是我国会计教育必须完成的任务。

二、高校会计师资体系不健全

社会的不断进步要求教育工作者改变传统教学方式，将信息技术与教学相结合，适应新时代的发展要求，但是，就我国会计师资队伍来说，仍然存在不足。

（一）会计师资队伍结构不合理

纵观各个行业，高水平的师资队伍往往具备以下要素：合格的受教育水平、具有一定的职称、合理的年龄结构等。我国现在的会计师资队伍的整体水平及内部结构主要存在以下几方面的问题。

第一，受教育水平偏低。尽管我国曾在20世纪末以当时的历史发展阶段为背景对高校会计专业的高学历教师所占的比重进行了明确的规定，但是就现在高校的发展水平来讲，仍未达到当时的目标要求。

第二，从教师的职称来讲，高级职称教师所占的比例较小。我们应该深化高校教师职称制度改革，建设高素质专业化创新型教师队伍。

第三，同一所学校中，师从同一名教师的现象较为常见，可能会对学术交流及创新活动产生阻碍。

（二）会计师资队伍观念落后

从目前情况看，一些高校会计教师的知识更新步伐不够快，缺乏综合的知识体系和创新思维。个别教师仍旧以教师为中心，教育观念上以"传道、授业、解惑"为主导，这种偏向专业对口，注重以教师为媒介、以课本为知识来源进行课堂教育的理念，使学生往往局限于单一的专业知识，创造力和主体性都没能得到更好的开发，从而在一定程度上阻碍了知识的传播和发展。很明显，随着时代的进步、社会的发展，这种传统教育观念已很难适应经济、社会、科学技术综合化、整体化的发展要求。在知识加速更新换代的新时代，会计专业的相关法律法规、行为规范等也会随着时代的变迁和科学技术的发展进行相应的改变，而此时如果教师不能将新知识、新理念传授给学生，就会限制学生的发展，也会在一定程度上阻碍这一行业的发展。因此，改变会计教师的教学理念，使他们顺应时代的变化，时时更新知识和教学技巧，是一项长远而又艰巨的任务。

（三）会计师资队伍教学与科研的关系处理得不够好

单纯以教师的理论研究成果作为考核的标准，而忽视其具体研究成果的实践应用，是个别高校教师评价制度存在的弊端。学校在教师职称评定或者对教师进行量化评定时，往往重视教师的科研水平，而忽视教师本身的教学能力，从而使得教师难以在科研与教学之间取得平衡。在这种评价机制的影响下，教师纷纷投身于学术研究。会计专业对实践操作能力的要求非常高，如果教师在学术研究的压力下忽视了对实践课程的设计，将主要精力投入理论教学，从而忽视了对学生实践能力的培养，那么高素质、高技能的会计专业人才只会越来越少，更加难以满足社会发展的需要。

（四）会计师资队伍引进与管理的问题难以解决

高水准高校的评判标准包括高水平的师资队伍和优秀的学科领导者两方面。因此，花大价钱引进高水平人才的行为有其可取之处，但个别高校脱离自身发展的实际情况，片面执着于只要引进高水平的教师就能改变整个学科落后现状的想法，不对青年教师进行培养，这样会使原有的教师失去对本工作的热爱。这种单纯引进的方法造成了原有人才的流失，不利于良性用人机制的形成，还会使原有的师资队伍元气大伤。另外，教师教学效果的考核机制不完善，会导致个别教师缺乏动力和创新精神，从而影响教学的效率和质量。

（五）会计高水平领军人才较缺乏、学术大师数量偏少

我国高校会计师资队伍不管是受教育水平还是在职人员数量，都不能完全满足教育事业高速发展的现实需要，而高水平会计教师和学术性、创造性人才的缺乏，进一步限制了会计教育的发展。会计教育的不足主要表现在两方面：一方面，留学人员数量偏少，学术成就不高，很难在国际舞台上产生影响力，高水平领军人才较少，急需提高教师的国际学术竞争能力；另一方面，有些高校不重视对青年教师的培养，使他们缺少钻研先进知识的动力和进行思维创新的勇气。目前，高校教师科研压力较大，迫使一些教师没有真正投身于学术研究的决心与耐心。这些对会计学科的健康发展都是不利的。

三、会计信息化人才培养质量不高

（一）会计信息化理论缺失

我国现有的会计理论、方法都是在传统会计模式下形成的，缺乏会计信息化

理论。会计信息化的知识体系也仅是技术方法的汇集,缺少对会计信息化的指导。理论缺失导致政策落后,进而使相关的法律法规滞后,致使企业推行会计信息化有所顾虑,从而制约了会计信息化发展。在互联网时代,信息资产逐渐获得经济界的广泛认可。在有形资产与无形资产构成的经济社会中,信息资产已经悄无声息地占据了一席之地。制作一个网页链接就相当于创造了一个互联网虚拟企业,无论任何形式的企业在网络中都可以实现跨国信息沟通,这为会计从业人员从事跨国贸易提供了可能性。会计行业对信息价值的衡量仍没有统一的标准,目前有以下两种观点:一种观点认为,信息资产的"域名"是同实体企业的商标、专利、名誉等性质和价值相似的一种无形资产,应以无形资产的计量方式来衡量它的具体价值;另一种观点认为,由于信息资产主要是建立网址而产生的价值,因而应视其为企业的一项递延资产。

(二)达不到会计信息化人才的要求

会计信息化人才应是高层次会计人才和创新性现代会计人才。高层次人才是指既懂外语,又熟悉计算机操作,有实际工作能力及组织才能,且善于攻关的人才;是指既懂经营管理,又能运用会计信息协助企业管理者进行筹划决策的开拓性人才。目前,教育界普遍认为,创新性现代人才的衡量标准如下:①是否有宽广的知识面和较深厚的理论知识;②是否富于想象,并具有灵活性和全面性的思维方式;③是否具有开拓性的探索精神和严谨务实的工作作风;④是否有强烈的创新意识。改革开放后,我国社会经济快速发展,对外开放水平不断提高,新的行业、新的经济形态不断涌现,并产生了许多新的会计业务,会计信息化人才就属于创新性现代会计人才。

在实现会计信息化的企业中,会计从业人员的知识结构必须从传统的会计模式转向会计信息化模式。而现在大多数会计从业人员都在运用传统的会计模式来进行工作,这限制了会计信息化的发展以及会计信息系统在企业的普及和有效利用。在会计信息系统下,企业的会计从业人员利用计算机程序和数据库来编制财务报告,仍是他们负责的任务,除此之外,会计从业人员应更善于解析和拓展系统输出的信息,为企业做出重要决策提供有用的信息以供参考。

（三）会计信息化人才缺乏社会化和专家化

面对快速变化的经济环境，会计从业人员要不断提高自身素质，培养和增强自身的经营观察力、职业判断力和有效决策力。会计从业人员可以不拘泥于固定的办公场所，有更多的自由时间向其他会计领域转变。部分会计从业人员也逐步脱离具体单位的具体岗位，实现会计从业人员的社会化和专家化。

（四）利用网络技术熟练进行业务处理的能力较弱

在会计信息化模式下，会计从业人员既是会计信息系统的使用者，同时也是会计信息系统的维护者。会计信息系统是一个人机对话系统，人居于主导地位，会计信息系统的运行需要具有熟练运用网络信息技术的会计从业人员。所以，我们必须提高会计从业人员的网络信息技术，让会计从业人员具备与会计信息系统相适应的思想观念和熟练的计算机操作技能。现有会计从业人员利用网络技术熟练进行业务处理的能力较弱，必须学会软件操作方法，为会计信息化软件的使用打下基础。

四、会计诚信与职业道德教育存在空白

目前，我国高校会计专业还存在对专业知识教育非常重视，而轻视会计诚信与职业道德教育的问题，无论是在课程设置上，还是在教材内容以及教学过程等方面，都存在这个问题。有的高校虽然开设了会计职业道德教育课，但流于形式，并未取得实质性效果。具体体现在以下几个方面。

（一）专门的会计诚信与职业道德教育教材短缺

目前，我国有关会计职业道德教育的教材数量不多，尽管随着我国高等教育事业的不断发展，高校会计学专业的教材建设取得了丰硕的成果，但适合高校会计职业道德教育的教材并不多，表现在我国各大院校的会计教材体系中涉及会计职业道德教育的教材很少，而专门的会计职业道德教育教材更是少之又少，会计专业的职业道德教育没有受到应有的重视。会计专业和其他文科专业相比，专业性较强，所以无论是学校、家长还是学生，都更加关注学生会计专业理论知识的学习和掌握。而会计诚信与职业道德教育，则被认为是毕业以后的事情。与此相对应，高校在会计专业的教材建设和教材内容上有时存在会计职业道德教育缺失的现象。

（二）会计学生缺乏顶岗实习的社会实践机会

一直以来，会计与财务资料的重要性使许多单位不愿意给学生提供实训的机会。虽然大部分高校为会计专业学生开设了社会实践课程，但因为该专业的特殊性，很多单位难以接收较多的学生进行实习，从而使会计社会实践课程大部分流于形式，导致学生缺乏"真刀实枪"的实践机会。而高校大部分会计专业教师缺少相应的社会实践经验，其本身没有深刻认识和理解会计职业道德，导致会计专业的学生缺乏对会计职业风险性和多样性的深度理解，从而造成学生遵守职业道德的觉悟不够高。

（三）专业教师和学生的会计职业道德意识不够

道德教育是一个循序渐进的过程，专业教师在教学过程中穿插职业道德教育内容是非常有必要的。目前，高校会计专业教师教学结构的缺陷主要是缺少专门讲授会计职业道德、会计法规课程的教师，而且会计专业教师本身这方面的知识也存在不足。具体表现在以下几点。

1. 专业教师本身缺乏强烈的会计职业道德意识

在会计准则体系全面更新的情况下，会计教学的任务十分繁重。因此目前会计教学的主要侧重点在于对学生专业素质和专业能力进行培养，忽视了会计职业道德的教育。同时，大多数会计专业教师本身缺乏强烈的会计职业道德意识，也就没有将会计职业道德教育的内容自觉融入教学过程中。会计教育不能仅限于传授业务技能与知识，更重要的是要灌输道德标准和敬业精神，把职业道德意识融入每一名会计从业人员的心里。

2. 学生会计职业道德意识的缺乏

高校会计专业教育中对会计诚信与职业道德教育的缺失，导致学生会计职业道德意识的缺乏。大多数会计专业学生注重对专业技术知识的掌握，将大量的时间用于专业课程学习或获取各级会计资格证书，难以有深刻的职业道德意识，这将对会计专业学生职业判断能力和职业分析能力的形成和提高产生不利影响。学生应自我教育、自我提高，把职业道德原则转化为职业道德品质。

（四）培养会计诚信与职业道德的氛围不够

目前，我国的伦理学理论对道德的认识存在一个根本性的误区，认为道德是约束人们行为规范的总和，而没有认识到道德不仅是约束人们行为的规范，还是个人自我实现的手段和完善人格不可或缺的组成部分，对道德本质的认识偏差直接影响道德教育的形式与内容。职业道德水平直接受个人道德水平和价值观的影响，它们是职业道德教育的基础。价值观是后天形成的，是通过社会生活培养起来的，家庭、学校等群体对个人价值观的形成起着关键的作用。目前，我国各大高校在公共课程中开设了相关的伦理道德课程，如思想道德、法律基础课程，但在教和学两方面的实际效果并不尽如人意。

总体而言，部分高校没有营造出良好的培养会计诚信与职业道德的氛围，忽视了会计职业道德不仅是对会计从业人员行为的约束，也是对会计从业人员品质的肯定。其主要体现在学校忽视对学生会计职业道德素质的考评，各高校在对学生的考核和评价过程中，主要以各门专业课程成绩作为考评的基本依据。高校过分强调学生各门专业课程的考核成绩，忽略对学生综合素质的考核和评价，使学生在学习过程中过分看重专业课程考试成绩，轻视对自身会计职业道德及综合素质的培养，最终使学生对会计职业道德没有具体的概念，难以让学生树立职业道德观念。

（五）会计诚信与职业道德教育课程设置不合理

随着我国社会主义市场经济的不断发展，会计专业作为有很大社会需求的专业得到了较快的发展，许多高校纷纷新增会计专业或者扩大会计专业的招生规模。在此背景下，高校会计类专业的教学计划反映了突出专业课程、提高专业素质的主导思想，而在职业道德教育课程设置上则不够合理。目前，我国大多数高校都没有专门的会计诚信与职业道德教育课程，而会计专业领域在很多方面都需要会计从业人员做出自己的职业判断，更需要会计从业人员有坚定的道德信仰，严格遵守职业道德。

会计职业道德教育的内容主要涉及与其相关的法律、法规知识。诚信与职业道德教育的形式有三种：公共基础课的思想道德和法律基础、专业基础课和专业课中的部分章节、学生管理部门的检查与指导。这三种形式的道德教育具有相对的独立性。对大多数高校来说，仅在会计学习的初期安排有限课程来让学生对职业道德及相关法律法规进行学习，很难达到培养目标。相关社会研究发现，广州地区的高校大多没有对学生的职业道德培养和相关法律法规的教育予以重视，因而没有安排专门的学习课时。而个别学校虽然在课程安排中加入了有关职业素养培养和法律知识普及的选修课，但鉴于其具有一定的选择性，且教学内容大都没有系统的理论知识库，因而很难达到理想的教学效果。

除此之外，极少数高校会在学生毕业参加工作之前安排短期的有关培训，但时间仓促，未能将学生的专业知识与社会现实真正联系在一起，因此效果欠佳。在会计从业资格考试加入对职业道德及法律法规知识的考核之后，学校也有针对性地对课程进行了相应的调整。高校应尽快开展会计职业道德教育课程，培养学生具有良好职业道德、坚定的职业信念、规范的职业行为。

第二节　互联网时代的内涵与趋势

一、互联网时代的内涵与特点

（一）互联网时代的含义

所谓时代，是指人类社会发展过程中的不同的历史阶段。虽然互联网时代的称谓已经家喻户晓，但是迄今为止关于互联网时代并没有一个权威性的定义。美国加州大学有互联网之父之称的曼纽尔·卡斯特尔教授曾经谈到"网络的形式将成为贯穿一切事物的形式，正如工业组织的形式是工业社会内贯穿一切的形式一样。网络形式是一种社会形式，而非单单的技术形式，没有网络科技即无从存在。这就是我所说的网络社会"。[1]

---

[1] 徐秀燕."互联网+"对会计教学模式的影响辨析[J].中国培训，2016（12）：145.

从技术角度而言，互联网时代技术、软件层出不穷，使人们从中获得更多的信息、数据，让人们审视这个世界的能力不断提升。互联网技术的迅猛发展使得全球各种信息和知识都可以轻松地通过网络获取，这包括新闻、研究成果、社交媒体上的观点和经验等。此外，智能化的搜索引擎和数据分析工具使人们能够更有效地筛选和处理这些信息，进一步提高了信息的获取和理解效率。这些技术创新不仅让个人拥有了更广泛的知识获取来源，还促进了各领域的专业知识和跨学科交叉研究。研究人员可以更轻松地访问和分享科学文献，加速了科学发现和创新的过程。在商业领域，大数据分析和人工智能技术为企业提供了更多市场见解，有助于更精确地满足客户需求和制定战略决策。总之，互联网时代的技术和软件革新不仅大大增加了信息和数据的可获得性，还提升了人们审视世界的能力。这一趋势在推动着社会、科学、商业和个人的不断发展。

从社会角度而言，人们通过互联网突破了熟悉的身边的公共空间，进入更为广泛的另一重空间，从而导致人与人之间关系的量或者结构随之发生改变。互联网为社交互动提供了全新的方式和平台，使得人们可以跨越地域和文化的限制，更便捷地建立联系、分享信息和互动交流。首先，互联网让人们能够轻松地与世界各地的人建立联系，无论是通过社交媒体、在线论坛、虚拟社交平台还是其他在线工具。这种全球性的联结使得人际关系的网络变得更加复杂和多样化，一个人可以与来自不同国家和地区的人建立友谊或合作关系。这也促进了文化交流和多元化的社会互动。其次，互联网改变了人们之间的沟通方式。传统的面对面交流逐渐被在线聊天、视频通话、社交媒体评论等数字化工具所替代。这些新的沟通方式不仅使得人们更容易保持联系，还改变了信息传递和交流的形式，加快了信息传递和交流的速度。最后，互联网还鼓励了虚拟身份和在线社交角色的创建，有时使人们可以更自由地表达自己或探索不同的社交身份。然而，这种社会变革也伴随着一些挑战。互联网上的虚假信息和虚假身份导致误解和不信任。此外，社交媒体的使用也引发了一系列社会问题，包括网络欺凌、隐私泄露和信息过载等。因此，虽然互联网为社会互动提供了新的机会，但也需要人们更加谨慎和负责任地使用这些工具，以维护健康和正向的社交关系。

从经济角度而言，自互联网踏进服务公众的现代市场之日起，它积聚财富、推动经济发展的作用日益显现。诺贝尔经济学奖得主罗伯特·席勒认为，"互联网肯定是一个革命，它的重要性至少等同于工业革命，或者更为重要"。[①] 信息网络化与经济全球化相互交织，推动着全球产业分工深化和经济结构调整，重塑着全球经济竞争格局。

互联网作为一个全球性的信息和商业平台，已经成为现代经济中不可或缺的一部分，对各行各业产生了深远的影响。首先，互联网为商业和创新提供了巨大的机会。在线商务、电子支付、电子商务平台和移动应用等互联网技术已经改变了传统商业模式，促使企业更好地满足消费者的需求，并拓展了全球市场。这种数字化经济的崛起推动了创业文化的蓬勃发展，许多初创公司在互联网上取得了成功。其次，互联网加速了信息的传播和知识的共享。这有助于加速创新，促进全球经济的增长。互联网使人们能够轻松地获取各种信息资源，从而更好地了解市场趋势、竞争对手和新兴机会。这也使得教育、研究和技术发展变得更加便利，为经济创新提供了坚实的基础。最后，互联网还创造了大量就业机会，涵盖了从软件开发和数据分析到数字营销和电子商务的各个领域。互联网行业本身也成了一个巨大的经济引擎，为全球各地的人们提供了创业和就业的机会。然而，互联网经济也带来了一些挑战，包括数字不平等、隐私泄露和网络安全等问题。因此，政府、企业和个人需要共同努力，以确保互联网经济的可持续和健康发展，最大限度地利用其潜力来推动经济增长和增进民生福祉。

从政治角度而言，互联网的互联互通和自由互动极大地改变了人们参与社会事务的途径和方式，网络民主政治成为人类社会民主政治的重要表现形式。互联网为民主政治提供了新的工具和平台，使人们能够更容易地表达意见、获取信息、参与政治决策。社交媒体、在线论坛和数字化公民参与平台等互联网工具，让政治参与不再受到地理位置和时间限制，任何人都有机会在网络上分享观点、参与辩论和对政府提出建议。此外，互联网也提高了政府的透明度，推动了问责制的建立。政府部门越来越倾向于在网上发布政府信息、政策和决策，以便公众监督和参与。在线政府公开数据和电子投票系统等创新，有助于提高政府的透

---

① 张妙凌.互联网时代会计职业教育方向探讨［J］.金融经济，2018（16）：216-217.

明度，减少腐败现象，并提供更多的民主机会。然而，互联网政治也伴随着一些挑战。信息的广泛传播导致假新闻和信息泛滥，影响公众的判断力；网络上的极端主义观点和仇恨言论也会威胁社会稳定和和谐。因此，政府需要制定相关政策来解决这些问题，保护公众免受虚假信息和极端观点的影响。总的来说，互联网已经改变了政治参与的方式和规模，使更多的人能够参与民主政治，但也需要政府和社会各界的共同努力来解决相关问题，以确保网络民主政治的可持续健康发展。

从文化角度而言，互联网将人类的文化传播带进了一个崭新的时代。在这个时代中，网络文化成为现代文化中崭新的文化形态。互联网的出现和普及使得文化信息的传播变得更加便捷。人们可以通过互联网轻松地访问来自世界各地的文化内容，包括音乐、电影、文学等各种艺术。这种全球文化交流促进了不同文化之间的相互理解和融合，推动了文化多样性的发展。网络文化也催生了许多新的文化表达方式和媒体形式。社交媒体、短视频平台等成了人们表达自己和分享文化观点的重要渠道。这些新媒体形式不仅改变了文化传播的方式，还创造了新的文化现象。同时，互联网也带来了文化内容的多样性和个性化。人们可以根据自己的兴趣和需求定制文化体验，从而推动文化内容的个性化和多样化发展。这也使得文化产业更加繁荣，涌现了许多新的文化创意和产业。然而，互联网文化也伴随着一些文化争议和挑战，如信息泛滥、隐私泄露、文化侵权等。因此，文化传媒和相关机构需要积极应对这些问题，制定相关政策和规范，以维护文化的多样性和质量。总之，互联网已经改变了文化传播和表达的方式，塑造了新的文化形态和文化景观，同时也提出了文化领域的挑战和机遇。文化领域需要适应互联网时代的发展，推动文化创新和文化传承，以适应现代社会的需求。

从信息传播的角度而言，互联网对传统的信息采集、信息加工和信息分析及信息公布的方式形成很强的冲击。首先，互联网改变了信息采集的方式。在过去，人们依赖于传统的媒体和机构来获取信息，如报纸、电视、广播等。而互联网的出现使得信息采集变得更加分散和多样化。现在，人们可以通过搜索引擎、社交媒体、新闻网站等多种渠道获取信息，无论是国内还是国际的，都能够获得丰富的信息资源。其次，互联网加速了信息的传播速度。传统媒体需要时间来编辑和印刷新闻，而互联网可以实现即时更新和传播。这意味着重大事件或新闻可以在几秒内传播到全球，使信息传递更加快速和广泛。再次，互联网也改变了信息加工和分析的方式。传统新闻的分析和编辑往往由专业记者和编辑完成，而现在任何人都可以成为信息的分析师和发布者。社交媒体、博客和在线论坛允许个人表达自己的观点和分析，这种民众参与的方式使得信息的多元性和多角度分析更加丰富。最后，互联网改变了信息的公布方式。传统媒体通常由一小部分人掌握，而互联网上的信息可以由任何人发布。这种去中心化的特点使得信息更加开放和自由，但也可能带来信息的可信度和真实性问题。

总的来说，互联网对信息传播产生了深远的影响，使得信息更加分散、即时、多元化和开放。这对传统媒体和信息传播机构提出了新的挑战，同时也为信息的获取和使用提供了更多的机会和可能性。信息传播领域需要不断适应互联网时代的发展，以更好地满足人们对信息的需求。

（二）互联网时代的内涵

1. 互联网渠道

互联网创造了一个新的营销及供应的渠道，有了这个渠道，理论上任何行业的任何商品都可以在网上实现交易。渠道是互联网交易的重要组成部分，无论是企业对企业的电子商务（B2B）还是企业直接面向消费者提供商品或服务（B2C）。完整的互联网渠道模式应该具有以下五大功能：

（1）订货功能

互联网为消费者提供相关的产品信息，同时将消费者的需求提供给厂商，厂商针对消费者的需求提供相应的产品。消费者看中一件产品，在充分了解产品的信息之后，会将其加入购物车中，厂商负责提供该产品。

（2）结算功能

消费者在将产品加入购物车中，确认购买信息后，需要对产品进行支付。这时就需要厂家或卖家有多种有保证的支付方式，如网银、货到付款等方式。

（3）配货功能

网上购物，除无形产品，如音乐、电子书、软件等在我们付过款后可以立即获得外，还有有形的商品，如生活用品、书、衣物等，这需要厂商有专门的配货机构为消费者配货。

（4）互动功能

消费者可以随时在网上选购产品，然后与厂商进行沟通，并可以查看其他消费者的点评信息，以做出购物决策的参考。

（5）评价功能

用户在体验过企业的产品或服务之后，可以对其进行评分。良好的口碑可以促进用户对企业产品和服务的消费。

2. 互联网平台

互联网平台是指基于互联网技术构建的一种数字化环境或框架，用于连接不同的参与者，并提供各种在线服务、资源和功能。这些平台通常由互联网企业或组织开发和维护，为用户提供了丰富的互动体验和服务。互联网平台的特点包括以下几个方面：

（1）多功能性

互联网平台通常集成多种功能和服务，包括社交媒体、电子商务、搜索引擎、云计算、在线娱乐等。用户可以在同一个平台上进行多种活动，无须切换不同的应用程序或网站。

（2）用户互动

互联网平台鼓励用户之间的互动和参与。用户可以通过发布内容、评论、点赞、分享等方式与其他用户交流和合作，形成社交网络和在线社区。

（3）数据驱动

互联网平台通常会收集大量的用户数据，用于个性化推荐、广告定位和业务决策。这些数据有助于平台提供更好的用户体验和服务。

（4）开放性

许多互联网平台是开放的，允许第三方开发者创建应用程序、插件或服务，以扩展平台的功能和生态系统。这种开放性促进了平台的多样性发展。

（5）跨平台性

互联网平台通常可以在不同的设备和操作系统上访问，包括计算机、智能手机、平板电脑等。这使得用户可以随时随地访问平台。

（6）商业模式

互联网平台通常通过发布广告、用户订阅、销售商品或会员服务等方式盈利。一些平台还提供免费的基本服务，以吸引用户、增加流量。

（7）安全和隐私

由于涉及大量的用户数据和互动，互联网平台需要采取安全措施来保护用户的隐私和信息安全。这包括数据加密、身份验证等网络安全措施。

总的来说，互联网平台在当今数字化时代扮演着重要角色，为用户提供了丰富的在线体验和服务，同时也推动了创新和商业发展。这些平台不仅改变了人们的生活方式，还对社交、经济、文化和技术产生了深远的影响。

3. 物联网

物联网（IoT）是一种技术和概念，它将各种物理设备、传感器、电子设备、软件和互联网连接在一起，使它们能够相互通信、收集数据和共享信息。物联网的核心思想是让物体具备感知和通信的能力，使它们能够实时监测环境、与其他设备互动并采取自主行动。

在物联网中，物体可以是任何物理实体，从智能家居设备、工业机器人、交通系统、医疗设备到城市基础设施。这些物体通过传感器和嵌入式技术收集数据，并将数据传输到云计算平台或其他计算设备进行分析和处理。然后，通过远程控制或自主决策，这些物体可以执行各种任务和操作，以提高效率、改善生活质量或实现其他目标。

物联网的应用领域广泛，涵盖了智能家居、智慧城市、工业自动化、健康医疗、智慧农业、交通管理等多个领域。它可以帮助人们更智能地管理和控制设备，提供实时数据以支持决策制定，提高生产效率，减少能源浪费，提供更好的服务，增强安全性等。

与物联网相关的问题包括对数据隐私和安全性的担忧，标准化和互操作性的挑战，以及与大规模连接设备相关的网络和基础设施的需求。尽管如此，物联网仍然被视为一个具有巨大潜力的领域，将在未来继续发展和创新，为我们的生活和工作带来更多便利。

（三）互联网时代的特点

时代的特点是指与特定时代相适应的国际政治经济关系的基本状态以及由世界的基本矛盾所决定和反映的基本特点。由于划分的依据不同，人们对时代以及时代特点的认识也有所区别。美国学者卡斯特在《网络社会的崛起》中指出，网络社会"适应性、开放性、全面性、复杂性与网络化是它的明确特性"[1]。从网络发展的现实状况和未来趋势来看，与传统社会相比，互联网时代呈现出一些新特点。

1. 数字化

数字化是指将信息、数据、内容或过程转换为数字形式的过程。这种转换可以涵盖各种形式的信息，包括文字、图像、音频和视频等。数字化通常涉及将模拟数据转换为数字表示，以便于计算机或其他数字设备进行处理和存储。

数字化应用在许多重要领域，包括数字媒体制作、数字化图书馆和档案管理、数字化医疗记录、数字化制造、数字化市场营销和数字化教育等。它使信息更容易存储、传输、复制和分发，提高了数据的可访问性和可搜索性，并提高了信息检索和共享的速度。

数字化还推动了许多创新领域的发展，如人工智能、大数据分析、虚拟现实和增强现实等。它也在全球范围内改变了传统的商业模式和产业格局，促使企业和组织采用数字化战略来适应快速变化的市场和技术环境。

《数字化生存》一书的作者尼古拉斯·尼葛洛庞帝是这样描述互联网给这个世界带来的变化的："一个巨大的变化就是它已经是一个联系的世界。这种联系不仅是每一件事都与每一件其他事联系起来，也是移动的联系，而不是静止的联系，不是游离的行为。因此，这种联系才是巨大的变化。"[2]

2. 信息化

信息化是指，在现代社会中，信息技术和通信技术广泛应用于各个领域，以提高信息的获取、传输、处理和利用效率，从而促进经济、社会和文化的发展。信息化程度通常被用来衡量一个国家或地区在信息技术领域的应用程度和发展

---

[1] 申仁柏."互联网+"对现代会计教学改革的影响研究[M].长春：吉林大学出版社，2019：19.

[2] 同[1].

水平。

信息技术包括许多方面，如计算机技术、互联网技术、无线通信技术、大数据分析技术、人工智能技术等。这些技术的广泛应用改变了人们的生活方式、工作方式和商业模式。信息化还促进了国际化，使信息能够在不同国家和地区之间自由流动，加速了国际交流和合作。

在信息化时代，信息已经成为一种宝贵的资源，对个人和社会的发展都是很重要的。信息技术的不断进步和创新将继续推动信息化的发展，为人类社会带来更多的机会和挑战。因此，信息化已经成为当今世界经济和社会发展的重要趋势，对各个领域都产生了深远的影响。

3. 国际化

国际化是指世界范围内不同国家和地区在经济、政治、文化、社会和科技等多个领域中相互联系、互相依存的现象。国际化的核心特征包括信息的自由流动、商品和资本的跨国流动、国际贸易合作、文化交流与融合，以及跨国公司的兴起和全球供应链的建立。

国际化发展受到现代通信和交通技术的推动，使得信息可以快速传播，商品可以迅速流通，人员可以轻松跨越国界。国际化已经在许多领域产生了深远的影响，包括经济、政治、文化、社会和环境。虽然国际化带来了许多机会和便利，但也伴随着一些挑战，如贫富差距的扩大、文化冲突、环境问题等。

国际化已经成为不可逆转的趋势，塑造了当今的世界格局。国际社会需要共同应对全球性挑战，加强合作，共同解决全球性问题，以确保整个世界的经济繁荣和生产力进步。

4. 多元性

多元性指的是互联网上存在着丰富多样的内容、信息和观点，以及多元的参与者和使用方式。互联网是一个开放、自由的平台，它包括了各种不同类型的社交媒体、在线论坛、电子商务平台等，这些平台的内容和功能各不相同，满足了人们各种不同的需求。互联网的多元性体现在以下几个方面：

（1）多元的内容

在互联网上可以搜索到各种各样的内容，包括新闻、娱乐、教育、健康、科技、文化等各个领域的信息。人们可以根据自己的兴趣和需求来选择相应的内容。

（2）多元的观点和意见

互联网上有大量的博客、社交媒体、论坛等平台，人们可以在这些平台上分享自己的观点和意见，与他人进行讨论和互动。这种多元的观点和意见交流有助于促进思想的碰撞和多元化的社会对话。

（3）多元的参与者

互联网上有来自世界各地的参与者，包括个人、组织、企业、政府等。参与者可以在互联网上发挥自己的作用和影响力，推动各种社会、经济和文化活动的开展。

（4）多元的使用方式

人们可以通过互联网进行在线购物、学习、工作、社交、娱乐等，互联网为人们提供了多种多样的使用方式，极大地丰富了人们的生活体验。

总的来说，互联网的多元性使其成为一个充满活力和可能性的平台，为人们提供了丰富多样的资源和大量的机会，同时也带来了新的挑战，相关部门需要正确引导和管理以确保互联网健康发展。

5. 开放性

互联网的开放性是其重要的特征之一，它塑造了当今数字时代的发展格局。这种开放性表现在多个层面。

（1）开放的信息流通

互联网允许信息在全球范围内自由流通。人们可以访问各种各样的信息资源，从新闻和学术研究到社交媒体和娱乐内容。这种开放性促进了信息的分享和传播，有助于知识的广泛传播。

（2）开放的创新环境

互联网为创新提供了广阔的舞台。任何人都可以通过网络发布自己的创意、想法和项目。这鼓励了创业精神，加快了技术进步，推动了新兴行业的发展。

（3）开放的商业机会

互联网创造了无数商业机会，让企业可以全球化经营。小型创业公司和初创企业可以通过互联网轻松进入市场，并与全球客户建立联系。这降低了市场准入门槛，提高了竞争力。

（4）开放的社交互动

社交媒体和在线社区使人们可以跨越地理界限进行互动和合作。这种开放性有助于促进文化交流和文化理解，同时也提供了一个平台，让人们能够分享自己的声音和观点。

然而，互联网的开放性也带来了一些挑战，包括信息滥用、隐私泄露和网络犯罪等。因此，保持互联网的开放性同时也需要考虑到相关的法律、伦理和安全问题，以确保它能够继续为全球社会带来积极的影响。总之，互联网的开放性是推动信息社会发展的关键因素之一，它改变了我们的生活方式、商业模式和文化互动，对全球社会产生了深远的影响。

6. 交互性

随着互联网的出现，人与人之间的关系发生了新的变化，在广阔的世界里，与更多各式各样的人相连，彼此沟通、交流、影响，进而改变想法或影响行为。大众化的交流打破了地域限制，使人们能够与世界各地的人进行交流，成为有史以来最方便快捷的媒介，也第一次使距离和成本无关。人们在分享、互动中全面、客观、发展地更新自我，重塑自我，同时被重塑的还有新生代的精神世界和情感世界。

7. 去中心化

首先，互联网的去中心化意味着没有单一的控制节点或机构能够独自支配整个网络。相反，互联网是由成千上万的自治系统、服务器和节点组成的分布式网络，这些节点相互连接并协同工作，以实现信息传输和数据交换。这种分布式结构提高了网络的稳定性和抗故障能力，减少了单点故障的风险。

其次，去中心化促进了信息的自由流通。在去中心化网络中，用户可以自由发布和访问内容。这有助于言论自由和信息传播的多样性，但同时也带来了信息质量和虚假信息的挑战，需要有效的信息验证和筛选机制。

再次，去中心化的互联网为创新提供了更大的自由度。创业者和开发者可以在开放的环境中构建新的应用程序、服务和平台，而无须依赖于权威机构或中介。这鼓励了技术的快速演进和多样性，推动了数字经济的增长。

最后，去中心化也带来了一些挑战，包括网络安全问题、隐私保护和治理问题。因为缺乏中央控制，网络更容易受到恶意攻击和滥用，需要采取适当的安全措施来保护用户和数据的安全。此外，互联网的治理问题也需要解决，以确保网络的稳定运行和全球互联互通。

总之，互联网的去中心化是其核心特征之一，它为信息自由流通、创新和开放性提供了机会，但也需要面对相应的挑战和风险，需要持续的探索和改进来实现更好的互联网生态系统。

8. 创造性

克里斯·安德森认为互联网是"将最有力的工具置于普通人手中。它解放了人类的创造力，让人们的想法走向全球的受众，这是以前任何科技都无法做到的"[1]。互联网为人们提供了各种各样的平台，其中经济平台被专业人士认为是未来十年经济发展的主旋律。百度、阿里巴巴、腾讯、京东等已成为互联网时代国人耳熟能详的新秀企业。可以预见，信息技术、数据经济将会极大地激发人类的创造性。

9. 娱乐化

首先，互联网的娱乐化使得娱乐内容变得更加多样化和可定制化。通过在线视频平台、流媒体服务和社交媒体，用户可以轻松地访问和获取各种类型的视频、音乐、游戏和虚拟体验。这种多样性允许人们按照自己的兴趣和喜好选择娱乐内容，不再受限于传统媒体的安排。

其次，社交媒体和互动性应用程序增强了娱乐体验的社交性。人们与朋友和家人分享他们的娱乐经历，通过评论和互动创造全球性的虚拟社交圈子。这种互动性扩展到在线游戏、虚拟现实和增强现实应用程序，使用户能够在数字世界中建立更紧密的联系。

再次，互联网的娱乐化还催生了全新的娱乐产业和经济模式。博主、网红和在线创作者等新兴职业在数字平台上崭露头角，创造了丰富多彩的内容，吸引了庞大的粉丝群体，并获得了广告收入和赞助收入。这种娱乐创业精神为个人提供了赚取收入的机会，同时也为数字广告和内容营销提供了新的商业机会。

最后，互联网的娱乐化也引发了一些担忧，如信息过载、隐私问题和数字成

---

[1] 罗健，刘小海. 会计教学改革新路径探索［M］. 沈阳：沈阳出版社，2020：57.

瘾。信息过载导致人们焦虑和注意力分散，隐私问题需要平台采取更好的数据保护措施，而数字成瘾需要人们更好的自我管理和意识。因此，维持健康和娱乐的平衡成了一个重要议题。

总之，互联网的娱乐化已经深刻地改变了我们的文化和社交方式，为人们提供了更多选择和自由，同时也需要人们更加谨慎地应对与之相应的挑战和风险。这一趋势将继续塑造未来的数字生活。

二、互联网发展的未来趋势

未来互联网主要的发展方向仍然是对传统行业进行模式改进和管理模式改变，信息化正是其发展的重要内容。其主旨是达到产业平衡和资源平衡。其主旨的内涵可分为以下几点：第一，价格不再是左右产业发展的主要因素；第二，买家卖家之间的信息不对称问题已经得到解决；第三，不再仅以技术为推动力促进新的变革。那么，在互联网时代背景下，相关产业前进的方向在哪里呢？

（一）连接与聚合成为互联网时代的主旋律

首先，连接是指互联网技术的能力将世界各地的人、设备和数据连接在一起。这种连接不仅改变了我们的日常生活，还影响了商业、教育、医疗和政府等各个领域。人们可以通过互联网与朋友、家人和同事进行实时互动，企业可以扩大市场，学生可以在线学习，医疗保健可以远程诊断和治疗。这种连接性促进了信息传播、知识共享，推动了各个产业向国际化方向发展。

其次，聚合是指在互联网上集成和整合多种资源和服务，以提供更便捷的用户体验。这可以在各种应用和平台上看到，如社交媒体、新闻聚合应用、电子商务平台等。聚合使用户可以在一个平台访问多种内容和功能，无须在不同应用之间来回切换。这提高了效率，节省了时间，并丰富了用户的数字生活。

再次，连接与聚合的结合创造了更加强大的数字生态系统。例如，社交媒体平台连接了全球用户，并提供了聚合内容的功能，使人们可以在同一个应用中与朋友互动、浏览新闻、观看视频和购物。这种综合性的体验改变了我们交流信息和娱乐互动的方式，塑造了新的消费习惯和商业模式。

最后，连接与聚合也引发了一些重要的问题，如数据隐私泄露、信息过载和数字垄断。保护用户数据和维护信息质量成了亟待解决的问题，而数字平台的垄断地位需要更好的监管和竞争政策。

总之，连接与聚合已经成为互联网时代的主要趋势，塑造了我们的数字生活方式和社会互动方式。在不断发展的数字环境中，我们需要谨慎权衡便捷性和隐私保护，以确保连接与聚合的力量能够为人类带来更多的益处。

（二）产业互联网化、金融化成为大趋势

随着互联网的快速发展，连接性和聚合性已经成为数字时代的关键特征。这一趋势在多个领域都有显著的影响。

连接性是互联网的本质之一，无论是通过社交媒体、即时通信工具还是物联网设备，连接性让信息和数据能够自由地流动，促进了全球互联互通。这种连接性为个人、企业和社会带来了更多的机会和便利。

聚合性是连接性的自然延伸，它使得大量的信息和资源能够在统一的平台或应用程序中汇聚。搜索引擎、社交媒体、在线市场和数字平台等都是聚合性的典型例子。这种聚合性提供了用户友好的界面，使人们可以方便地访问、分享各种内容和服务。

在产业方面，互联网已经催生了产业互联网化的趋势。各种行业都在寻求将传统业务模式数字化并整合到互联网平台上，以达到提高效率、降低成本和提供更好的客户体验的目的。例如，智能制造、智能物流和智能城市等领域都在积极探索产业互联网化的机会，以实现更高的智能化和自动化水平。

金融化也成为互联网时代的重要趋势。互联网技术已经改变了金融服务行业，推动了在线支付、数字货币、智能投资和金融科技的快速发展。这种金融化趋势为个人和企业提供了更多的金融选择，同时也带来了金融风险和隐私问题，需要加强监管和安全措施。

综合而言，连接与聚合、产业互联网化和金融化已经成为互联网时代的主要发展趋势。这些趋势在不同领域和行业中都有深远的影响，塑造着我们的生活方式、商业模式和社会结构，需要不断地创新和管理来应对挑战、抓住机会。

（三）个性化、定制化需求时代来临

过剩时代的到来意味着市场上存在更多的选择和竞争，消费者可以轻松地访问各种产品和服务，价格战、补贴和免费策略成为企业竞争的焦点。这使得消费者可以获得更低的价格和更好的服务。

然而，随着基本需求的满足，人们的需求逐渐朝向个性化方向演变。这就需要企业采取不同的策略来满足消费者的特定需求。定制化便成了一种重要的实现方式，它将用户体验放在核心位置，根据用户的需求和喜好来定制产品和服务。

定制化的发展也意味着互联网从以企业为中心的标准化生产时代转向以用户为中心的产业互联网时代。在互联网时代，企业应更加注重理解消费者的情感、偏好和价值观，以更好地满足他们的需求。这有助于获得更高的品牌忠诚度和用户满意度。

举例来说，苹果作为典型的代表，一直强调用户体验和个性化，致力于设计出符合用户需求的产品。小米则在用户参与方面做得更加极致，通过社区和众测等方式，将用户的反馈和建议直接融入产品的研发和改进过程中，实现了极高的用户参与度。

总之，消费互联网的发展已经引领了过剩时代的到来和个性化需求的兴起，企业在这个时代需要更加注重用户体验感，以满足不断变化的消费者需求。这一趋势将继续主导互联网产业的未来发展方向。

（四）O2O 将成为服务互联网的主要模式

O2O（Online to Offline）即线上到线下，已经成为服务互联网的主要模式，逐渐改变了人们的消费习惯和商业模式。这一模式融合了互联网的便捷性和线下服务的实体体验，为用户和企业提供了全新的机会和挑战。

首先，O2O 模式通过互联网平台为消费者提供了更多的选择，带来了更大的便利。无论是订餐、打车、购物、预约医生还是旅游，用户都可以通过手机应用或在线平台轻松完成这些服务的预订和购买。这种便利性节省了用户的时间和精力，提高了用户的生活质量。

其次，O2O模式促进了线下实体商业的数字化和创新。传统商店、餐厅和服务提供商通过建立在线平台，可以更好地吸引和维护客户，采用数据分析来改进服务，提高经营效率，实现线上线下融合的全渠道营销。

再次，O2O模式也有助于提高市场透明度和竞争性。用户可以通过比价和评论来选择最适合自己需求的服务，这激发了企业提供更高质量和更具竞争力的产品和服务的动力。

最后，O2O模式也带来了一些挑战，包括数据隐私、信任问题等。用户的个人信息需要得到妥善保护，同时用户也需要对在线平台和服务提供商的诚信性保持信任。此外，激烈的竞争会使企业下调价格，加大补贴力度，这对企业的盈利能力构成挑战。

综合来看，O2O模式已经成为服务互联网的主要模式，为用户提供了更多便利选择，同时也推动了线下实体商业的数字化和创新。随着技术的不断进步和用户需求的变化，O2O模式将继续演化，成为服务领域的重要发展趋势。

（五）智慧工业时代

首先，个性化需求的增加在互联网时代得到了充分体现。互联网技术使得企业和服务提供商能够更好地了解和满足消费者的个性化需求。通过大数据分析、人工智能和智能算法，企业可以根据用户的行为、偏好和历史数据来定制产品、服务和推荐，提供更具吸引力的个性化体验。

其次，工业4.0代表了制造业向个性化定制的重要转变。现代制造技术如物联网、智能机器人和3D打印等使生产更加灵活和高效，允许企业根据客户的需求实现小批量、高度个性化的生产。这不仅提高了生产效率，还降低了库存成本，有助于满足不断变化的市场需求。

最后，产业互联网的兴起则扩展了互联网的应用范围，不仅局限于消费领域，还延伸到制造业、农业、医疗保健等各个产业。通过互联网的软硬一体化，企业可以实现设备之间的互联互通，收集大量数据并进行分析和优化，提高生产效率和产品质量。

当前，中国在产业互联网方面取得了一定的领先地位。尤其是在制造业领域，将信息化和工业化深度融合，推动中国制造业向智能制造迈进。这个规划强调了技术创新、产业升级和智能化生产的观点，使中国在全球制造业中占有更重要的地位。

总之，个性化需求和产业互联网的崛起将继续塑造未来的经济格局。中国已经认识到了这一机遇，并在制定相关战略规划方面取得了显著进展。随着技术的不断发展和创新，中国有望在产业互联网领域继续取得重要成就。

第三节　互联网时代会计教学改革的需求分析

一、互联网时代教育改革的动因

（一）教育需求和问题是变革的动因

任何社会变革都是在一定的社会需求和社会问题的驱动下开始的，教学方式变革也不例外。如何理解互联网时代教学方式变革的发生存在两种分析思路。第一，任何特定的历史时期都会对当时的教育提出发展目标，教育需求是在一定的社会环境下发生的，二者相交即形成教育发展期望；"互联网对当前社会各领域产生了极为深刻的影响，给传统教育带来了巨大挑战。传统教育如果此时不进行变革和创新，那么它一定会阻碍社会的发展。一旦人们意识到社会新的需求后，就会千方百计地寻找变革的路径"[1]。第二，对当前教育状态的不满而寻求教育变革与创新。当前，我国教育发展面临诸多瓶颈，亟待新方法来破解教育难题，其中一个重要的思路就是利用互联网进行改革，让教育站在互联网的风口上来促进教育变革与创新。教育需求是教育教学方式进行变革的逻辑起点和落脚点，互联网时代，我国教学方式变革的发生是以解决我国长期面临的教育难题为根本出发点的。

（二）新兴信息技术是变革的强大动力

1. 教育的数字化转型

互联网技术使教育不再局限于传统的课堂教学。学生可以通过在线教育平台

---

[1] 周友梅，阚京华. 当代会计教育研究［M］. 北京：人民邮电出版社，2014：53.

访问各种课程和学习资源，实现远程教育和自主学习。这种数字化转型使教育变得更加灵活和容易访问，不受时间和地点的限制。

2. 个性化学习

大数据和人工智能技术使高校能够更好地了解每个学生的个性化需求和进展情况。通过个性化学习路径和内容推荐，教育可以更好地满足每个学生的需求，提高学习效果。

3. 在线协作和社交学习

互联网技术促进了在线协作和社交学习的发展。学生可以通过在线平台与同学和教师互动，共同解决问题、分享知识和协作项目。这种互动有助于培养学生的团队合作能力和沟通技能。

4. 虚拟现实和增强现实

新兴技术如虚拟现实（VR）和增强现实（AR）正在进一步改变教育。它们可以提供沉浸式学习体验，让学生更好地理解抽象概念，如科学、历史和工程等。

5. 学习生态和社区

学习生态的建立允许学生根据兴趣和专业领域参与不同的学习社区。这些虚拟社区不仅提供了学术资源，还促进了知识共享和合作。

6. 教育关系重构

互联网时代下，教育关系从传统的一元化关系演变为多元化关系。这对教师和学生提出了新的挑战和机遇，要求师生共同适应新的角色和方法。

总之，互联网技术对教育领域的影响深远且多维。教育变革不仅包括教学方法的改进，还涉及教育生态的转型和教育关系的重新构建。这一趋势将继续塑造未来的教育模式，使教育更加适应个性化需求和技术的快速发展。

（三）学生个性发展需要是变革的内在动力

学生个性发展的需求是教育变革的内在动力，它体现了教育体系适应时代变革和满足学生需求的迫切要求。在过去，教育往往强调标准化和集体性，忽视了每个学生的独特性和潜力。然而，随着社会的不断进步和互联网时代的来临，个性发展的需求已经凸显出来。

首先，每个学生都具有独特的兴趣、天赋和学习方式。传统的一刀切教育模式无法满足这些多样化的需求。因此，教育系统需要更加灵活，允许学生在个性化的学习路径上探索和发展自己的潜力。这不仅能够激发学生的学习动力，还有助于他们更好地实现自身目标和职业发展。

其次，社会和经济的变革要求学生具备更广泛的技能和能力。传统的教育常常侧重于知识传授，而忽视了创新、问题解决、沟通和团队合作等重要技能的培养。个性发展的教育模式可以更好地强调这些关键技能的培养，使学生更好地适应快速变化的现实世界。

最后，个性发展的需求也反映在学生的心理健康和幸福感上。过度的竞争和标准化教育给学生带来压力和焦虑。个性化的学习环境和支持体系可以更好地满足学生的情感和心理需求，帮助他们更好地处理挑战和压力，增强战胜困难的自信心。

总之，学生个性发展的需求不仅是教育变革的内在动力，也是社会进步和人才培养的关键因素。教育系统应该以学生为中心，创造更加个性化、灵活和全面发展的学习环境，以满足学生多样化的需求，激发他们的潜力，为未来做好充分准备。这一变革将有助于塑造更具创新力和竞争力的社会。

（四）教学媒体的多样变迁是变革的现实基础

教学媒体的多样变迁是教育变革的现实基础，它反映了教育领域需要不断适应新时代和新技术的现象。随着科技的不断进步和互联网的普及，教学媒体已经经历了显著的变化和多样化的发展。

首先，传统的教学媒体，如纸质教材和黑板，已经逐渐被数字化教材、互动白板、在线教育平台等现代化的教育工具取代。这些工具不仅能够提供更多形式的教育内容，还能够实现跨时空的学习，打破了地理位置和时间的限制，为学生提供更大的便利。

其次，多媒体教学已经成为现代教育的标配。音频、视频、动画和虚拟现实等多媒体元素丰富了教学内容，提高了学习的吸引力和互动性。学生可以通过视听和实践结合的方式来更好地理解抽象概念和复杂知识，教学过程更加生动有趣。

再次，个性化学习平台和智能教育系统正在崭露头角，它们利用大数据和人工智能技术，根据学生的学习需求和进展情况，提供个性化的学习路径和建议。这种教育工具使教育更加量身定制，有助于满足每个学生的独特需求。

最后，社交媒体和在线协作工具也为教学提供了新的可能性。学生可以通过社交媒体平台分享学习经验、讨论问题，建立学习社区，促进互动和合作，加强了学习的社交性和实践性。

综上所述，教学媒体的多样变迁不仅提供了更多的教育工具和资源，还为教育变革提供了坚实的基础。它们使教育更加灵活、生动和个性化，满足了学生和教师的多样化需求，为培养具备现代技能和知识的学生开启了新的可能性。这一变革将继续塑造未来教育的面貌，推动教育不断向前发展。

二、互联网时代的教育改革

互联网时代的会计教育改革已经成为迫切的需求，因为互联网和信息技术的快速发展已经彻底改变了会计领域的业务模式和需求。

首先，会计教育需要更加注重信息技术的融合。互联网和大数据等技术已经使会计工作变得更加数字化和自动化。会计师需要掌握数字技能，包括数据分析、数据挖掘和人工智能等，以更好地处理复杂的财务数据和提供高质量的财务报告。因此，会计教育需要调整课程，将信息技术和数字化工具融入教学中，培养学生的技术素养。

其次，互联网时代强调了实时性和跨地域性。会计师不再局限于传统的纸质文档和面对面的业务交流。他们需要能够利用云计算、在线会计软件和远程协作工具来实时处理财务信息、协作团队，而且需要处理跨国公司的数据。因此，会计教育应该培养学生的跨文化沟通和远程工作能力，使他们适应国际化和云端化的业务环境。

再次，会计伦理和数据安全也是互联网时代会计教育的关键考虑因素。随着数据泄露和信息安全问题的增加，会计师需要具备伦理意识和数据保护技能。因此，会计教育应该强调数据安全意识的重要性并加强伦理培训，确保学生在处理敏感信息时能够保持高度的道德责任感，能够遵守法律。

最后，互联网时代强调了终身学习和不断更新知识的重要性。会计行业的法规和技术不断演进，会计从业人员需要不断跟进最新的发展。因此，会计教育应该强调学习的持续性，鼓励学生自我学习和积极参与专业培训，以保持竞争力并适应不断变化的行业要求。

总之，互联网时代的会计教育改革需要更加注重数字技术、实时性、跨地域性、伦理和数据安全意识，同时也要强调终身学习的理念。这将有助于培养具备多面能力的新一代会计专业人才，适应现代会计业务的要求，并为数字化时代的会计工作提供更好的支持。

第四章 互联网时代会计教学改革的思路

第一节 互联网时代会计教学改革的影响因素

一、互联网时代会计专业课程体系设置的影响

近年来,互联网的概念越来越被人们理解和接受,会计行业也不可避免地受到网络信息化的影响,不断得到发展。但是由于我国会计行业自身就存在着一些问题和不足,在互联网快速发展的背景下面临着很多新的挑战,这就需要会计从业人员不断地学习新知识,改变观念,提高自己的整体素质,更好地适应互联网时代会计行业的发展。

通过对我国会计学专业课程体系现状研究的文献进行检索分析,以及通过对各个高校会计学专业培养方案及其课程体系和课程设置进行查阅统计,我们发现了以下几个问题。

(一)缺乏专门的会计课程体系研究

首先,互联网时代的到来带来了广泛的商业创新和数字化转型,这使得会计工作的内容和角色发生了深刻的变化。传统的会计教育体系未能及时反映这些变化,导致了课程内容与实际需求之间的脱节。在互联网时代,会计师需要掌握数字技术、数据分析和信息安全等新技能,以适应新的职业要求,但这些内容在传统会计课程中未被充分涵盖。

其次,互联网时代的商业环境更加复杂和国际化,这对会计教育提出了更高

的要求。学生需要了解国际会计准则、跨境交易和国际税收法规等内容，以适应国际化的商业运作。然而，许多传统的会计课程体系较为局限，未能为学生提供国际化视野和国际经验。

最后，互联网时代强调了信息共享和协作，这对会计团队的协作和沟通能力提出了更高的要求。然而，传统的会计教育过于侧重个人技能培养，未能足够强调团队合作和沟通技能的培养。

尽管存在这些挑战，但互联网时代也为会计教育带来了机遇。教育机构可以通过重新设计课程体系，将数字技术、国际会计和团队合作等内容融入课程中，以更好地满足学生和行业的需求。在线教育平台和数字化教学工具也为灵活的学习方式和实时更新的课程内容提供了可能性。

总之，互联网时代的会计教育面临诸多挑战，其中之一是缺乏专门的课程体系来适应新的职业要求和商业环境。然而，通过教育创新和不断更新课程内容，可以充分利用互联网时代的机遇，为学生提供具有综合性和时代性的会计教育。

（二）课程体系的优劣缺乏评价标准

互联网时代的会计课程体系的评价标准相对欠缺，这是因为互联网时代带来了新的教育挑战和需求，传统的评价标准未能充分适应这些变化。

1. 优势

①灵活性和实时性。互联网时代的会计课程体系更具灵活性，能够随时更新以反映行业的最新变化。这意味着学生可以获得更实时的信息和技能，使他们更好地适应不断变化的商业环境。

②个性化学习。互联网技术可以支持个性化学习路径，根据学生的兴趣和能力进行定制化教育。这有助于满足不同学生的需求，并增加他们的学习动力。

③多媒体和互动性。互联网时代的课程体系可以利用多媒体和互动工具，使教学更生动有趣。视听教材、在线讨论和虚拟实验等元素可以提升学习体验。

2. 劣势

①质量和可信度。互联网时代的教育容易受到信息的混淆和质量不一的课程的影响。评价标准的不足导致难以判断哪些课程是可信赖的，哪些是不可靠的。

②社交互动不足。传统的面对面教育提供了更多的社交互动机会，而互联网时代的课程存在缺乏面对面交流的问题。面对面交流与沟通对于一些学科，特别是会计是非常重要的。

③技术挑战。不是每个学生都具备足够的技术能力有效地参与在线课程，这会导致学生之间存在水平差距。

鉴于上述优劣势，评价互联网时代的会计课程体系需要综合考虑多个因素。评价标准应包括课程内容的实际性、教学方法的有效性、学生满意度、毕业生就业情况等因素。此外，行业专业组织和教育机构可以制定标准和认证程序，以确保互联网时代的会计课程体系的高质量和可信度。这将有助于帮助学生和高校更好地选择高质量的会计教育。

（三）课程体系的研究流于形式

当前，针对一些专门进行课程体系研究的成果依侧重于外在形式，例如，关注于课程体系中课程模块的比重问题、实践课程模块的比例是否合理、只对理论体系模块研究或只关注实践课程体系结构，很少有专家能意识到课程模块之间的有机联系，以及课程体系实施后对学生知识结构及能力结构的影响才是课程体系研究的本质问题、关键问题。

二、会计专业教材建设的影响

会计专业人才培养目标具有多元化和动态性的特点，社会对会计从业人员的综合素质的要求不断提高，教育教学改革的实施对教材的标准也在日益提升。因此，教材的建设要能满足会计专业人才培养目标。在互联网时代，会计教材也要进一步创新。

第一，教师运用多媒体教学，将会计专业所学课程加以修改、整合，让学生得以了解这一专业的完整知识体系。

教师在教学中运用多媒体教学技术，将会计专业所学课程加以修改、整合，以帮助学生获得更为完整的知识体系，这是一个积极且有益的教育举措。在互联网时代，多媒体教学方式已经成为必不可少的教育方法，为学生提供了更具吸引力和互动性更强的学习体验。

首先，多媒体教学可以将不同课程模块和主题相互关联，促进知识的整合和跨学科的学习。会计专业涵盖了财务、税务、审计等多个领域，通过多媒体教学，教师可以将这些领域的知识有机地结合在一起，帮助学生建立更为综合和全面的专业知识体系。

其次，多媒体教学可以提供更多实际案例和应用场景，让学生将理论知识与实际实践相结合。会计是一个实践性强的学科，多媒体教学可以通过模拟案例、财务软件演示和实际财务报表分析等方式，帮助学生更好地理解和运用所学知识。

再次，多媒体教学还可以提高学生的学习兴趣和参与度。视听教材、动画演示和虚拟实验等多媒体元素可以使教学内容更加生动有趣，从而吸引学生的注意力，激发他们的学习兴趣，促使他们更积极地参与课堂学习。

最后，多媒体教学可以提高学生的数字素养和技术能力，这在互联网时代尤为重要。学生将不仅仅是接受信息，还能够积极参与信息的创造和分享，培养自主学习的能力，为未来职业发展做好准备。

总之，教师通过多媒体教学，将会计专业课程加以修改、整合，有助于学生获得更为完整的知识体系，提高他们的实践能力和数字素养，培养综合能力，以更好地适应互联网时代的会计职业要求。这一教育方法有助于促进学生的全面发展，培养具备创新和应对变化能力的专业人才。

第二，在制作课件时尽量给学生提供一个仿真的环境。

运用多媒体制作课件时，尽量将一个企业的全貌展现给学生，给学生提供一个仿真的学习环境。要让学生了解资金是怎样进入企业的，怎样在企业内部循环和周转，尤其是产品是怎样被制造完成的；企业由哪些部门组成，会计部门的具体作用是什么，其他企业、银行、税务等与企业有什么关系。让学生找到做会计的感觉，这样就会使学生马上进入角色，顿时精神抖擞，激发学生浓厚的学习兴趣。

第三，加强专业教师的培养，使其适应课件与实践相结合的教学模式。

在互联网时代，加强专业教师的培养以适应课件与实践相结合的教学模式变得尤为重要。这种教学模式融合了数字化教育工具和实践性教学方法，有助于提升学生的学习体验，提高学生的实际运用能力。

首先，培养专业教师需要让他们更多关注数字技术的应用和教育工具的使用。教师应该了解如何有效地使用课件、在线教育平台和虚拟实验工具，以便更好地呈现教学内容，促进学生的参与和互动。这需要教师参加培训和终身学习，以保持其数字教育技能的更新。

其次，实践性教学在互联网时代变得更为关键。学生需要有机会将理论知识应用于实际情境，以提高他们的实际工作能力。专业教师应该能够设计和组织实践性教学活动，如案例研究、实地考察和模拟项目等，以使学生在课堂之外获得有价值的经验。

再次，专业教师需要培养学生的批判性思维和问题解决能力。互联网平台有着大量的信息和资源，学生需要学会筛选和评估这些信息，以便做出明智的决策。专业教师应该鼓励学生提出问题、进行独立研究和参与讨论，以培养他们的批判性思维能力。

最后，教师的角色也在互联网时代发生了变化。他们不再只是知识的传递者，更应该成为学生的引路人和指导者。专业教师应该能够提供个性化的指导和反馈，了解学生的需求，使学生取得进步，并为他们的职业发展提供支持和建议。

总的来说，互联网时代的教育需要专业教师具备数字教育技能、实践性教学经验、批判性思维培养能力和个性化指导能力。加强专业教师的培养将有助于提高教育质量，培养出具备良好综合素养和职业能力的会计从业人员，使他们能够成功应对互联网时代的挑战和机遇。

三、综合实践能力培养中存在的影响

（一）实践教学的内容和范围狭窄，实践教学方式与内容脱离实际

当前高校会计实践教学面临的问题需要引起重视和改进。虽然学科理论知识对于会计专业学生的重要性不言而喻，但实践经验和职业判断能力同样重要。

首先，高校应该努力拓展实践课程的涵盖范围，包括涉及财务管理、审计、税收等课程的实习项目。这些领域是会计专业学生未来职业中不可或缺的一部分，因此提供与之相关的实践机会是关键的。此外，实践课程应该更加贴近企业，以提高学生的操作经验和职业判断能力。

其次，高校可以建立与企业的合作关系，为学生提供真实的实习机会。这种合作可以包括在企业进行实地实习、参与实际项目或与企业合作解决实际问题等方式。通过参与企业的工作，学生可以获得更丰富的实践经验，并将学术理论与实际操作相结合。

再次，高校应该密切关注会计领域的发展和变化，及时更新实践教学内容。会计新准则和现代信息技术的应用都是会计领域的重要趋势，学生应该在实践教学中习得相关知识和培养相关技能。为了保持实践教学内容与社会实践的同步，高校可以通过与行业协会、企业合作，获取最新的实践案例和经验。

最后，政府和高校管理部门应该关注和支持高校会计实践教学的改进。政策支持和资源投入可以帮助高校开展更多的实践项目，提供更好的实践条件。此外，监管和评估机制也应该考虑实践教学的质量和效果，以确保学生能够真正受益于实践经验。

总的来说，高校会计实践教学需要更多的改进和创新，以满足学生的实际需求和职业要求。拓展实践课程的涵盖范围、与企业的合作、及时更新实践内容以及政策支持，可以提高学生的实践经验和职业素养，培养优秀的会计专业人才。

（二）会计实训项目单一，实践内容缺乏全面性

会计专业的实训是提高学生职业能力的有效途径，但当下普遍存在实训场地紧缺、课程内容陈旧、专业教师缺失等问题。以下一些创新举措值得借鉴。

1. 多元化实习渠道

高校可以与各类企业和机构建立合作关系，拓宽学生的实习渠道。除了传统的大型企业，还可以考虑与小型企业、会计师事务所、税务机构、审计公司等合作，为学生提供更多实践机会。此外，可以探索与政府部门、非营利组织等进行合作，让学生参与与会计相关的公益项目，扩大实践领域。

2. 提高实习基地的质量

高校可以与校外实习基地建立长期合作关系，确保实习场所的质量和学生实践机会的充足。高校可以对实习基地进行严格的评估和监督，确保学生能够在真实的工作环境中进行实践，掌握实际操作技能。

3. 引入模拟实战教学方法

除了传统的手工记账实践，高校还可以引入模拟实战教学方法，使用专业会

计软件和工具，模拟真实的会计业务操作。这种教学方法更贴近实际工作，可以帮助学生提前适应职业要求。

4. 更新教学内容

随着会计领域的发展和变化，实践教学内容也需要及时更新。教师可以关注会计新准则、新技术和新法规，将这些内容融入实践教学中，确保学生能够掌握行业的最新动态。

5. 进行分阶段的实践教学

高校不仅可以在学期末开设会计模拟综合实训课程，还可以在教学过程中逐步引入实践元素。例如，在基础会计课程中就可以让学生开始进行简单的实际操作，并逐渐增加难度和复杂性，以确保理论与实践的紧密结合。

6. 注重培养实践能力

实践教学应注重培养学生的实际操作能力、问题解决能力和团队协作能力。教师可以设计实际业务案例，让学生在团队中合作解决实际问题，培养综合能力。

7. 教师培训和发展

教师应接受相关的培训，以适应新的教学方法和工具。高校应提供机会让教师参与实际会计工作，以使教师了解最新的行业要求，从而更好地指导学生。

总的来说，会计专业的实践教学需要更多的关注和改进，以确保学生在校期间获得丰富的实践经验，提高他们的职业素养和竞争力，使他们更好地适应会计职业的要求。

（三）实践过程缺乏仿真性，财会岗位设置不够明确，实践环节缺乏技能性

会计专业的实践教学存在一些问题，需要更加贴近实际工作要求，提高学生的实际操作能力和职业素养。

1. 引入真实的会计凭证进行填制

高校可以与企业合作，提供真实的会计凭证填制机会给学生。这样可以让学生亲身体验真正的会计操作流程，培养实际操作能力。

2. 模拟复杂业务场景

在模拟实验中，可以引入更复杂的业务场景，涵盖更多的会计政策和方法。

这样可以帮助学生在面对不同情况时做出合理的判断和正确的决策。

3. 强化职业判断能力培养

会计专业教育应注重培养学生的职业判断能力，让他们在面对不确定的情况时能够做出正确的决策。高校可以通过案例分析、实际问题解决等教学方法来培养学生的这一能力。

4. 提供多样化的实践机会

除了传统的会计模拟实验，高校可以引入多样化的实践机会，如参与企业内部财务项目、参与审计工作、了解税收政策等。这样可以让学生获得更广泛的实践经验。

5. 更新实践教学内容

会计领域的法规和政策经常发生变化，教学内容应及时更新以反映最新要求。高校可以与行业协会、企业合作，获取最新的实践经验和案例。

6. 培养基本技能

除了会计核算技能，学生也应该培养一些基本的操作技能，如点钞、装订凭证等。这些技能虽然看似简单，实际上却非常考验会计从业人员的细心与耐心。

7. 关注财会职业岗位需求

高校应该更加关注会计职业岗位的需求，根据市场需求调整课程设置和教学方法，确保学生能够顺利就业。

总的来说，会计专业的实践教学需要更多的改进和创新，以确保学生在校期间能够获得充分的实践经验，提高他们的职业素养和竞争力，更好地适应会计职业的要求。通过引入真实的会计凭证进行填制、模拟复杂业务场景、强化培养职业判断能力、提供多样化的实践机会等方式，可以更好地满足学生的实际需求和职业要求。

（四）基本采用"封闭型""报账型"的验证性实验教学模式

采用"封闭型"和"报账型"的验证性实验教学模式是传统的实验教学方式，这种方式在会计教学中一直占有重要地位。然而，这种模式也存在局限性，需要更多的改进和创新。

首先，这种模式通常是"封闭型"的，即学生按照预定的模板和步骤完成实验，结果基本可以预测，缺乏创新性和探索性。这种模式会限制学生的思维发展和问题解决能力的培养，因为他们只需要按照规定的步骤执行，而不需要思考和分析。

其次，这种模式通常是"报账型"的，即学生需要填写报账单、凭证、账簿等，重点是记账和报账。虽然这是会计工作的基本技能，但这种教学方式过于侧重操作性，轻视理论知识和问题解决能力的培养。会计专业的学生需要更多的综合素养，包括分析能力、判断能力、沟通能力等，但这些能力在传统的"报账型"模式中得不到充分培养。

最后，这种模式导致学生的学习兴趣下降。因为重复性的记账和报账任务会让学生感到枯燥和乏味，这会影响他们的学习积极性和学习动力。

因此，为了更好地培养会计专业学生的综合素养和实际操作能力，高校可以考虑引入更多的探索性实验、案例分析等教学方法，以丰富实验教学内容，提高学生的学习动力和兴趣。同时，也可以考虑将实验教学与实际业务紧密联系，让学生参与真实的会计项目和解决实际的会计问题，以更好地培养他们的职业素养和能力。

（五）缺乏具有较强实践能力和丰富实际工作经验的师资力量

大部分高校缺乏专门的会计实践教学教师队伍，专业教师既承担会计理论教学任务，又承担会计实践教学任务。高校会计专业教师大部分为高校毕业生，没有参加过会计工作的实践，教学内容仅局限于教材知识，无法结合会计工作的实际案例来生动地讲授，造成学生动手能力不强，在实习、实训中只能靠自己的知识和能力来解决问题。另外，出于各种原因，很多高校没有把教师参加社会实践纳入教学管理计划或形成制度，在时间上、组织上和经费上都没有相应的安排和保证，不可避免地出现教师理论脱离实践的现象。由于缺乏一线会计工作经历，教师在实践教学上缺少举一反三、灵活应用、列举实例的能力，对会计适应社会经济发展，特别是现代信息技术对会计领域的深刻影响把握不够，从而影响实践教学质量。

（六）强调培养学生的会计核算能力，忽视培养其管理能力

强调培养学生的会计核算能力，忽视培养其管理能力，是在会计专业教育中

存在的一个问题。虽然会计核算能力是会计专业的核心技能之一，但在现代商业环境中，会计专业人才需要具备更广泛的能力，其中就包括管理能力。

首先，会计核算能力是会计专业的基础，管理能力是在这个基础上构建的。学生需要掌握会计核算的基本原理和技能，但这只是一个起点。在实际工作中，他们还需要能够分析财务数据、制定财务战略、管理预算和资源分配、做出战略决策等。这些都需要学生具备一定的管理能力。

其次，现代企业越来越重视财务管理和战略规划，这要求会计专业人才能够涉及会计核算领域，参与到更高层次的管理和决策中。如果学生只注重会计核算能力，而忽视了财务管理能力和战略规划能力的培养，他们会在职业发展中受到限制，难以适应现代企业的需求。

最后，会计专业的学生在将来可能会担任领导职务，需要具备管理能力和领导能力来指导团队和管理财务部门。如果在教育过程中忽视了管理能力的培养，学生会在职业生涯中感到无力和遭遇挫折。

因此，会计专业教育应该综合考虑会计核算能力和管理能力的培养。教育机构可以通过引入管理课程、案例研究、实际项目等教学方法，来培养学生的管理技能和领导力。这样可以更好地满足现代企业对会计专业人才的需求，提高学生的职业竞争力和职业发展前景。

（七）开发技术或平台落后，校内实验与校外实习没有实现有机结合

由于会计软件规模相对要小些，加上早期的开发者大多是非计算机专业人士，所以一般都选择大众化的开发工具。尽管目前部分会计软件已从 DOS 转到了 Windows 平台，但大多数软件的开发工具仍然摆脱不了 DBF 的文件体系，缺乏 Oracle 之类大型数据库管理系统在功能、性能、安全等方面的有力支持。学生仅限于实验室进行模拟操作，没有深入实际工作中，很难消除模拟实验存在的不真实感，不便于增强学生对会计部门内部信息及与其他部门业务信息联系的直观感受。

第二节　互联网时代会计教学改革的机遇与挑战

一、互联网时代会计教学改革的机遇

（一）互联网时代高等教育发展的机遇

传统高等教育最大的弊端是以教师为中心进行灌输式学习，学生获得知识的来源仅限于教材，学习模式和教学要求均在课堂上执行。这种模式受时间及空间影响较大，已无法满足学生对知识的渴求及探索。互联网的出现，催生了新的教育模式，即"互联网+高等教育"的教育模式，给高等教育带来了新的机遇。

1.搭建优质教学平台，催生海量教学资源

在互联网时代，会计教学迎来了巨大的机遇，也面临着前所未有的挑战。为了应对新时代的需求，会计教育需要搭建优质的教学平台，以催生海量的教学资源，更好地满足教师和学生的需求。

首先，搭建优质的教学平台可以为学生提供更多的学习机会和资源。互联网的普及使得学生可以随时随地访问在线教育资源，如教材、课程视频、在线测验等。这为学生提供了更加灵活、更具个性化的学习体验，使他们可以根据自己的需求和节奏来学习会计知识。

其次，搭建优质的教学平台也可以为教师提供更多的教学工具和教学支持。教师可以利用在线教育平台来发布课程材料、管理学生成绩、进行在线互动和讨论，提高教学效率和质量。此外，教师还可以借助互联网平台来了解学生的学习进度，及时调整教学内容和方法，以更好地满足学生的需求。

最后，搭建优质的教学平台还可以促进教育资源的共享和合作。高校可以将自己的教学资源上传到在线平台，与其他高校和教师分享，从而形成一个更大的教育网络。这不仅可以丰富教育资源，还可以促进不同地区、不同学校之间的合作和交流，提高整个教育体系的质量和效率。

总之，互联网时代为会计教育提供了前所未有的机会，但也提出了更高的要求。通过搭建优质的教学平台，催生海量的教学资源，会计教育可以更好地适应

时代的发展，为学生提供更好的学习体验，为教师提供更多的教学工具和支持，促进教育资源的共享和合作，从而提高整个教育体系的质量和效率。这将有助于培养更多具有创新精神和综合素养的会计专业人才，为社会进步和经济发展做出更大的贡献。

2. 降低教学资源的生产与使用成本

在互联网时代，会计教学需要积极应对新的挑战和机遇，其中一个关键方面是降低教学资源的生产与使用成本。这一举措对于提高教育的普遍性、降低学生和高校的经济负担都具有重要意义。

首先，降低教学资源的生产成本意味着更多的教育资源可以以更低的成本制作和分享。互联网技术使得教材、课程视频、在线测试等教育资源可以在全球范围内共享，从而降低了重复制作资源的成本。这有助于降低高校的经营成本，使他们能够将更多的资源用于提高教育质量和创新教育方法。

其次，降低教学资源的使用成本有助于提高教育的普及率。通过在线教育平台，学生可以免费或以较低的费用获得高质量的教育资源，不再受制于地理位置和经济状况，特别是对于那些经济条件相对较差的学生。

再次，降低教学资源的使用成本还可以促进自主学习和个性化教育。学生可以根据自己的学习需求和兴趣选择适合自己的教材和课程，不再受制于固定的课程安排。这有助于培养学生的自主学习能力和创新思维能力，提高他们的综合素养。

最后，降低教学资源的生产成本与使用成本还可以促进教育资源的共享和合作。高校可以共享自己的资源，与其他高校和教师合作开发更多的教育内容，从而形成一个更大的教育网络。这对丰富教育资源、提高整个教育体系的质量和效率有很大益处。

总之，降低教学资源的生产成本与使用成本是互联网时代会计教育的重要任务之一。这一举措，可以提高教育的可及性，降低学生和高校的经济负担，推动教育普及，促进自主学习和个性化教育，促进教育资源的共享和合作，从而为培养更多具有创新精神、综合素质更强的会计专业人才提供更好的支持和条件。这将有助于推动教育领域的发展，为社会和经济发展做出更大的贡献。

3. 拓展新型学习样式，提高学习效率

在互联网时代，会计教学应积极拓展新型学习样式，以提高学生的学习效率。传统的面对面授课模式虽然仍然有其必要性，但通过利用互联网和现代技术，可以引入更多新型的教学方式，以满足不同学习需求和提高学习效率。

首先，互联网时代可以支持在线课程和远程教育，使学生可以根据自己的时间和地点安排灵活学习。这种自主学习方式可以让学生更好地掌握自己的学习进度，缩小了时间和空间上的限制，提高了学习效率。

其次，互联网技术可以支持个性化学习，根据学生的兴趣、能力和学习风格提供定制的教育资源。通过智能化的教育平台和学习管理系统，可以为每个学生量身定制课程内容和学习路径，以提高学习效率、增强学习效果。

再次，互联网可以支持协作学习和远程团队合作，培养学生的团队合作和沟通能力。学生可以通过在线讨论、项目合作和虚拟团队工作，与全球范围内的教师和同学沟通，分享经验和知识，提高学习效率和综合素养。

最后，互联网时代还可以引入游戏化教育和虚拟实验室，提供更生动、互动性更强的学习体验。通过教育游戏和虚拟实验，学生可以在模拟的环境中进行实际操作和决策，增强学习的趣味性和参与度，提高学习效率。

综上所述，互联网时代为会计教学提供了丰富的机会，可以拓展新型学习样式，提高学习效率。通过自主学习、个性化学习、协作学习和游戏化教育等方式，可以更好地满足学生的学习需求，培养综合素养和创新能力，为会计专业人才的培养提供更好的支持和条件。这将有助于提高会计教育的质量，为学生的职业发展提供更多的可能性，为社会服务提供更多的机会。

（二）互联网时代会计行业的机遇

1. 一般性会计工作与时俱进

在互联网时代，一般性会计工作也需要与时俱进，因为技术和社会环境的不断变化对会计职业提出了新的要求。

首先，数字化和自动化技术的普及使会计工作更加高效和精确。会计软件、大数据分析工具以及人工智能等技术的应用使日常的数据录入、分类、分析和报告生成变得更加快速和准确，减少了烦琐的手工操作，提高了工作效率。

其次，互联网时代的会计工作需要会计从业人员具有更强的信息安全和数据隐私保护意识。随着信息技术的发展，信息泄露和网络攻击的风险也在不断增加，因此会计人员需要具备信息安全意识，保护客户和企业的敏感信息，确保数据的完整性和机密性。

再次，互联网时代的会计工作需要会计从业人员拥有更强的跨界合作能力和综合能力。会计工作涉及不同领域的信息和数据，因此会计从业人员需要具备跨领域的综合能力，能够理解和应用多领域的知识和技能，更好地为客户和企业提供全面的财务和战略咨询服务。

最后，互联网时代的会计工作需要会计从业人员具备更多的创新意识和变革意识。新兴技术和商业模式的不断涌现意味着会计工作也需要不断创新和适应新的需求。会计从业人员需要不断学习和更新知识，积极参与行业发展和变革，为客户和企业提供更有价值的服务。

总之，互联网时代的一般性会计工作需要与时俱进，适应技术和社会环境的变化，提高工作效率，保护信息安全，提升综合能力，积极创新和变革，以更好地满足客户和企业的需求，为会计职业的发展和未来做出贡献。

2. 推动会计服务模式升级

互联网时代正在推动会计服务模式的升级和转型。传统的会计服务通常涉及烦琐的手工数据处理、报表编制和财务分析，而互联网技术的广泛应用使会计服务更加数字化、智能化和高效化。

首先，互联网时代产生了更多的在线会计工具和软件，使企业和个人能够轻松管理财务数据，自动化录入和分类，减少了人工错误和时间成本。这种数字化的会计工具不仅提高了数据的准确性，还提供了实时的财务信息，帮助企业更好地监管财务状况。

其次，互联网时代促进了会计服务的智能化和自动化。人工智能和大数据分析技术可以用于财务数据的智能分析和预测，帮助企业更好地理解其财务状况，提前发现风险和机会。智能化的会计服务还可以自动化财务报告和税务申报，减少了烦琐的手工工作，提高了工作效率。

最后，互联网时代拓展了会计服务的范围和方式。云会计服务和远程会计团队可以为全球范围内的客户提供服务，跨足不同地理区域和行业领域。同时，互联网技术也使会计服务更加灵活，可以根据客户的需求提供定制服务，包括财务咨询、税务筹划和财务管理等领域。

总的来说，互联网时代正在推动会计服务模式的升级，使其更加数字化、智能化和高效化。这不仅提高了会计服务的质量和效率，还拓展了其范围、改变了其方式，为企业和个人提供了更多选择，推动了会计服务行业的发展和变革。

3. 促进会计管理职能的转变

互联网时代的到来不仅改变了会计服务模式，还促进了会计管理职能的重大转变。传统的会计管理主要侧重于财务数据的记录、报表编制和监督，而互联网技术的广泛应用使会计管理更加注重数据分析、战略规划和决策支持。

首先，互联网时代提供了更多的数据来源和大数据分析工具，使会计管理人员能够更全面、实时地收集和分析财务数据。这有助于会计管理人员更好地理解企业的财务状况和业务绩效，提前发现潜在的问题和机会。会计管理工作不再仅仅是数据的记录和整理，而是数据的深度分析和战略规划。

其次，互联网时代使会计管理更加注重业务决策和战略支持。会计管理人员需要参与企业的战略规划和业务决策过程，提供财务数据和分析，为高层管理层提供有关投资、成本控制、市场策略等方面的建议。他们不再是仅仅向上级报告财务数据的角色，而是业务决策的关键参与者。

最后，互联网时代还促使会计管理更加注重创新和技术应用。新兴技术如人工智能、大数据分析和区块链等被应用到会计管理中，使其更加高效和精确。会计管理人员需要不断学习和更新知识，以适应技术的发展和变化。

总之，互联网时代促使会计管理职能发生了重大转变，从传统的数据记录和报表编制转向了数据分析、战略规划和决策支持。会计管理人员需要具备更全面的能力，参与业务决策和战略规划，为企业的发展和创新提供重要支持，推动会计管理职能的升级和变革。

4. 催生会计领域的新发展

互联网时代的会计行业在其自身不断融合发展的同时，也促进了会计相关领域的发展。在经营方面，互联网记账公司、网络会计师事务所等企业接连出现，他们依托第三方平台，与客户进行线上线下互通交流，受到了不少客户的青睐。

在教学方面，网络会计培训学校如雨后春笋。老师在网上授课，学生在网上学习，信息在网上流通，知识在网上成型，成为众多人学习的首选。

（三）互联网时代会计教学的机遇

1. 互联网时代会计教学方式的改革

互联网时代正在推动会计教学方式的全面改革。传统的会计教学通常依赖于教材、课堂讲解和模拟实验，而互联网技术的广泛应用为会计教育带来了新的机遇。

首先，互联网时代提供了更多的在线学习资源和工具，使学生能够随时随地访问教材、课程内容和学习资料。这在很大程度上消除了地域和时间上的限制，使会计教育更加灵活和便捷。学生可以通过在线学习平台进行自主学习，根据自己的进度和需求学习课程内容。

其次，互联网时代促使会计教学更加注重互动和实践。在线教育平台提供了各种互动工具，如在线讨论、作业提交和实时反馈，使学生能够积极参与课程，提出问题并与教师和同学互动。此外，虚拟实验和模拟案例也为学生提供了实际操作和问题解决的机会，增强了他们的实践能力。

最后，互联网技术的应用还推动了会计教学内容的更新和多样化。新兴技术如人工智能、大数据分析和区块链等被引入会计教育中，使学生能够了解和应用最新的会计工具和方法。同时，在线教育还为不同学习风格和需求的学生提供了个性化的学习路径和资源。

总的来说，互联网时代的会计教学改革强调了灵活性、互动性和实践性。这种改革不仅提供了更多的学习机会和资源，还促进了学生的自主学习能力和实际操作能力的提升，使会计教育更加适应现代社会和行业的需求。

2. 互联网时代会计课堂教学媒介改革

互联网时代的会计课堂教学媒介改革旨在充分利用先进的技术和媒体资源，提升会计课堂教学的效果和互动性。传统的会计课堂通常以教师讲授为主，而互联网时代的会计教学改革将多媒体、在线资源和互动性工具引入课堂，使学生能够更加积极参与和深入理解课程内容。通过数字化教材、在线模拟实验、多媒体演示和在线讨论等方式，学生可以在课堂上与教师和同学互动，解决问题，分享观点，并实时获取反馈。这种改革不仅丰富了课堂教学的形式，还提高了学习效率和教学质量，有助于培养学生的实际能力和创新思维。互联网时代的会计课堂教学媒介改革有助于满足现代学生的学习需求和提高他们的信息素养，促进了会计教育的现代化。

3. 信息化会计教学资源改革

信息化会计教学资源改革是指利用信息技术和数字化媒体，对会计教育领域的教学资源进行全面改进和创新。这一改革旨在提高会计教育的质量、效率和互动性，以适应互联网时代的教育需求。

在信息化会计教学资源改革中，教材和教学内容以数字化形式呈现，学生可以随时随地访问在线教材和学习资源。这打破了空间和时间的限制，为学生提供了更加便捷和灵活的学习途径。

此外，改革还包括在线教育平台的建设，以便于提供各种教学和学习工具。学生可以通过在线课程、多媒体演示、虚拟实验和互动讨论等方式参与课堂活动。教师可以借助在线平台更好地管理教学过程，提供实时反馈和评估。

信息化会计教学资源改革还包括引入先进的教育技术，如虚拟现实、人工智能和大数据分析等。这些技术可以提供更生动、互动更强的学习体验，帮助学生更好地理解和运用会计知识。

总的来说，信息化会计教学资源改革旨在提高会计教育的现代性和创新性。它为学生提供更多的学习机会和资源，同时也提高了教师的教育质量和效率。这一改革有助于培养更具现代信息素养和实际操作能力的会计专业人才，使他们适应快速发展的数字化时代的需求。

二、互联网时代会计教学改革的挑战

（一）互联网时代传统会计行业面临的挑战

在互联网的影响下，会计的内涵与本质都发生了很大的改变，也使其产生了一定的延伸，但与此同时也产生了很多新的挑战，出现了一些前所未有的问题。

1. 自动化和智能化

随着人工智能和自动化技术的发展，许多传统会计工作中的重复性和规模化任务可以被机器和软件自动完成。这导致传统会计岗位的减少，尤其是在数据输入、分类和报告方面的工作。会计从业人员需要不断提升技能，以适应这种技术的变化。

2. 数据安全和隐私

互联网时代的会计领域涉及大量的敏感财务数据，这使得数据安全和隐私成为重要问题。会计公司和专业人员需要加强数据保护和网络安全措施，以防范网络攻击、防止数据泄露。

3. 云会计和在线会计服务

互联网使得会计服务变得更加灵活。许多企业和个人可以选择使用云会计软件和在线会计服务，而不必雇佣全职会计师。这增加了传统会计公司的市场竞争压力，要求他们提供更高质量的服务。

4. 数据分析和大数据

互联网时代积累了大量的数据，这为数据分析和大数据应用提供了机会。会计从业人员需要掌握数据分析技能，以更好地理解客户的财务状况，并提供更精确的建议。

5. 跨境业务和国际会计标准

互联网使得跨境业务变得更加普遍，涉及不同国家和地区的法规和会计标准。会计从业人员需要了解国际会计准则和税收法规，以满足客户的跨境业务需求。

6. 职业发展

互联网时代对会计职业的未来发展路径提出了新要求。传统的职业发展模式需要重新评估，包括会计从业人员的培训和认证，以确保他们具备适应新挑战的技能和知识。

总之，互联网时代的挑战要求传统会计行业不断调整业务模式，要求会计从业人员不断更新自己的技能，以适应快速变化的数字经济环境。只有适应变化并不断创新，会计行业才能在互联网时代继续发展和繁荣。

（二）互联网时代会计教学面临的挑战

1. 互联网时代，国家的高等教育面临格局重构和生态重塑的严峻挑战

互联网时代打破了传统高等教育的市场壁垒，使高等教育资源的跨国界流动

和高等教育市场的跨国际拓展成为可能。以慕课为代表的在线开放课程代表了一种新的教学样式，更将催生新的教育生态，由此引导高等教育市场格局的重构和教育生态的重塑。国外优质教学资源的输入，带来的不仅是国内高校的生存压力，也将威胁国家的文化安全。虽然科学无国界，但其传播中不可避免含有西方资本主义价值观和意识形态的渗透。当今世界，文化软实力已成为国际竞争的重要组成部分。外来文化渗透不仅威胁国家文化安全，也会影响国家的文化软实力。

因此，必须站在全球战略高度审视高等教育的变革。高校学生是社会的精英、祖国的未来，如果我们不能打造自己的优质教育资源去占领教育阵地，去影响广大青年学生，而让他们为外国教育资源所影响和渗透，后果将不堪设想。

2. 互联网时代，高等教育面临着教学模式冲击以及教育理念更新的挑战

互联网时代带来了高等教育领域的革命性变革，这一时期高等教育面临着前所未有的教学模式冲击和教育理念更新的挑战。传统的高等教育模式主要以面对面授课、教室教学和纸质教材为主，但随着互联网技术的普及和发展，教育方式发生了根本性的改变。

首先，互联网时代催生了在线教育和远程学习的兴起。学生可以通过互联网轻松获取到丰富的在线教育资源，包括在线课程、教学视频、电子书籍等，而无须到教室上课。这种灵活性和便捷性改变了传统教育的时间限制和空间限制，使更多人有机会接受高等教育，尤其是那些地理位置偏远或有特殊需求的学生。

其次，教育技术的革新促使高校改进教学方法。虚拟实验室、在线测验和互动学习平台等工具为教育提供了多样化的方式。这种个性化和互动性的教学方法可以更好地满足不同学生的学习需求，提高了学习效率。

再次，互联网时代还推动了教育理念的更新。传统的教育模式强调教师的教导和知识传授，而现代教育更强调学生的自主学习和批判性思维。互联网时代的学生更加习惯于主动获取信息和解决问题，这促使高等教育从被动教学转向主动学习，强调培养学生的创造性思维、解决问题的能力和团队合作的能力。

最后，教育质量和评估也在互联网时代面临挑战。在线教育和远程学习使得评估学生的学术诚实性变得更加困难，而且传统的考试和作业方式不再适用。高

校需要采用新的评估方法来确保学生的学术诚信，并保障教育质量。

总之，互联网时代对高等教育带来了前所未有的机遇和挑战。高校需要积极应对这些挑战，不断更新教育模式和教育理念，以提供更高质量和更具创新性的教育，培养适应数字时代需求的人才。

3. 互联网时代，高校教师面临转变自身角色和运用信息技术应用能力的挑战

在互联网时代，高校教师面临着转变自身角色和运用信息技术应用能力的新挑战。传统的高校教师主要扮演知识传授者和教育导师的角色，但随着互联网技术的迅猛发展，这一角色正在发生根本性的变化。

首先，高校教师需要成为学习的引导者和学习资源的策划者。在互联网时代，学生可以轻松地获取大量的在线教育资源，包括教学视频、电子教材、网上课程等。因此，教师需要做的不再仅仅是传授知识，而是帮助学生有效地筛选和利用这些资源，指导他们在信息爆炸的时代中进行有针对性的学习。

其次，高校教师需要具备信息技术应用的能力。互联网技术已经深刻地改变了教育方式和学习环境，教师需要掌握教育技术，包括在线教学平台、多媒体教学工具、教育数据分析等，以更好地支持学生的学习和教学活动。教师还需要适应在线教育的模式，包括在线课程设计、远程辅导和在线评估等。

再次，高校教师需要培养学生的自主学习能力和创新思维。互联网时代，学生可以自主选择学习的内容和方式，因此教师需要鼓励他们主动探索和学习，培养他们的批判性思维和问题解决能力。教师还应该提供多样化的学习机会，包括项目驱动的学习、团队合作能力的学习等。

最后，高校教师需要不断更新自己的知识和教育理念。互联网技术的不断进步意味着教育领域的知识也在不断演化，教师需要保持学习的状态，与时俱进，以适应快速发展的教育环境。

总之，互联网时代对高校教师提出了新的要求和挑战。教师需要适应新的角色，掌握信息技术，培养学生的自主学习能力和创新思维，不断更新自己的知识和教育理念，以更好地服务于学生的学习和成长。这将是高校教育领域的一个重要发展趋势。

4. 互联网时代，学生面临学习自觉性的挑战

在互联网覆盖的今天，学习资源具有开放性和丰富性，但良莠不齐，学生要学会在资源中筛选有效信息并理解消化，才能真正掌握知识。互联网教育模式下，学生自由选择学习时间及内容，但容易呈现无序性、重复性的特点，因此要有效利用零碎时间将分散的知识点系统化，构筑知识网，过滤无用信息，掌握核心知识。网络的开放性必然会导致出现更多与学习无关的内容来干扰学生的注意力，从而起到反作用，降低学习效率。因此互联网模式下，对学生的学习自觉性、自制力等提出了更高的要求。

第三节 互联网时代会计教学改革的新思维

一、互联网时代背景下会计教学运行机制

（一）教学目标的改革

互联网时代背景下，会计教育的目标正在经历重大改革。传统的会计教育注重学生的会计专业知识和技能培养，强调学生的会计实务操作能力。然而，在互联网时代，会计领域发生了巨大的变革，信息技术的广泛应用和数据的大规模处理正在改变会计职业的本质。

因此，互联网时代的会计教育目标不仅需要关注传统的会计知识和技能，还需要关注以下几个方面。

1. 数据分析和信息技术能力

会计师在互联网时代需要具备更强的数据分析能力和信息技术应用能力，能够处理大规模的财务数据、运用数据分析工具进行决策支持，并理解区块链等新兴技术对会计领域的影响。

2. 创新思维和问题解决能力

互联网时代强调创新和灵活，会计教育应培养学生的创新思维和解决复杂问题的能力，以适应不断变化的商业环境和会计行业。

3. 跨学科知识和综合素养

互联网时代的会计师需要具备跨学科的知识，能够理解金融、法律、商业和科技等多个领域的知识，以更好地为企业提供综合性的服务。

4. 道德和伦理观念

随着信息技术的发展，会计领域也面临着更多的伦理挑战，会计教育应加强对学生的道德和伦理观念的培养，培养他们成为诚信和负责任的会计专业人员。

综上所述，互联网时代背景下的会计教育目标不仅要注重传统的会计知识和技能，还需要更广泛地关注数据分析、信息技术、创新思维、综合素养和伦理观念等方面的培养，以使学生更好地适应现代会计职业的需求和挑战。这一改革将有助于培养更具竞争力的会计专业人才，为他们在互联网时代的职业生涯提供更广阔的发展空间。

（二）教学理念的改革

在互联网时代背景下，会计教学理念也需要进行重大改革。传统的会计教学理念侧重于传授知识和技能，强调学生的记忆和应用能力。然而，互联网时代的会计行业正在发生根本性的变化，教育理念需要与之相适应。

在互联网时代，会计教学理念的改革应包括以下几个方面。

1. 学生主动学习

传统的教育模式通常是老师传授知识，而在互联网时代，学生应该成为自己学习的主体。教师应更多地引导和激发学生的学习兴趣，提供资源和支持，而不仅仅是灌输知识。

2. 跨学科融合

互联网时代的会计行业涉及多个领域的知识，包括信息技术、金融、法律等。因此，会计教学应该加强跨学科的融合，帮助学生理解不同领域的知识如何相互关联，并应用于实际问题解决。

3. 实际问题解决

互联网时代的会计工作更强调解决实际问题和应对突发挑战。因此，会计教学应该更注重培养学生的问题解决能力，让他们能够应对复杂的行业现状和商业挑战。

4. 创新和创业精神

互联网时代鼓励创新和创业，会计教学应该培养学生的创新精神和创业能力，使他们能够在不断变化的商业环境中脱颖而出。

5. 社交和合作

互联网时代强调社交和合作，会计教学应该鼓励学生与同学、教师和业界专业人士建立联系，分享经验和知识，形成一个互动和协作的学习环境。

综上所述，互联网时代背景下的会计教学理念的改革应该强调学生主动学习、跨学科融合、实际问题解决、创新和创业精神以及社交和合作等能力，以培养更具综合素养和适应能力的会计专业人才，使他们能够胜任现代会计职业的需求。这一改革将有助于提高会计教育的质量和实用性，为学生的职业发展提供更好的支持和更多的机会。

（三）教学方式的改革

在互联网时代的背景下，会计教学方式需要进行根本性的改革。传统的会计教学往往依赖于传统的面对面课堂教学和纸质教材，但互联网技术的发展为会计教育带来了许多新的机遇和挑战。会计教学方式的改革应包括以下几个关键方面。

1. 引入在线学习平台

建立在线学习平台，提供多样化的教育资源，包括视频课程、电子教材、在线测试和练习等，以满足学生个性化学习的需求。这将使学生能够随时随地进行学习，提高了灵活性和便利性。

2. 利用虚拟现实和增强现实技术

虚拟现实和增强现实技术可以为学生提供更具沉浸感的学习体验，例如模拟会计操作和财务分析的实际场景，以强化他们的实际操作能力和问题解决能力。

3. 强调实践性教育

互联网时代的会计教育应更加注重实际操作和案例分析，让学生能够应对真实的财务挑战和会计挑战。实践性教育可以通过模拟实验、在线案例研究和虚拟企业等方式实现。

4. 引入自主学习和合作学习

鼓励学生进行自主学习和合作学习，培养他们的自我管理能力和团队合作能力。在线协作工具和社交媒体可以用于促进学生之间的交流和合作。

5. 教师角色的转变

教师的角色将从传统的知识传授者转变为学生的引路人和指导者，他们需要提供指导和反馈，引导学生进行自主学习和解决问题。

综上所述，互联网时代的会计教学方式的改革应借助在线学习平台、虚拟现实技术、实践性教育、自主学习和合作学习等手段，提高学生的学习效果和实际操作能力。这一改革将有助于培养更具综合素养和适应能力的会计专业人才，以适应现代会计职业的需求和挑战。同时，高校和教师也需要不断提升自身的信息技术应用能力，以更好地支持学生的学习和发展。

（四）课程体系的改革

在互联网时代，会计教学课程体系的改革迫在眉睫。传统的会计课程体系通常较为刻板，只注重基本的会计原理和规则，但在互联网时代，会计领域发生了巨大的变革，需要更加灵活和多样化的教学内容。因此，会计教学课程体系的改革应包括以下几个关键方面。

1. 引入新兴会计领域

随着互联网和信息技术的发展，新兴领域如数字会计、数据分析等日益重要。课程体系应该引入这些新兴领域的内容，使学生能够掌握最新的会计技能和知识。

2. 注重实践性教育

互联网时代的会计教育应更加注重实践性教育，包括模拟实验、案例分析、实际会计操作等。学生需要具备实际解决问题和处理复杂会计情况的能力。

3. 强调数据分析和信息技术

会计领域越来越需要数据分析和信息技术的应用。课程体系应该包括数据分析和信息技术的内容，培养学生的数据处理能力和技术应用能力。

4. 引入多元化的教学资源

利用互联网的优势，课程体系可以引入多元化的教学资源，包括在线视频、电子教材、模拟工具等，以满足学生的不同学习需求。

5. 引导学生自主学习

互联网时代的学习方式更加自主和灵活，课程体系应该鼓励学生进行自主学习，培养他们的自我管理能力和问题解决能力。

综上所述，互联网时代的会计教学课程体系的改革应当更加贴近实际需求，注重实践性教育和信息技术的应用，引入新兴领域的内容，多样化教学资源，鼓励学生自主学习。这样的改革将有助于培养更具综合素养和适应能力的会计专业人才，以适应现代会计职业的需求和挑战。

二、互联网时代会计教学改革的主体分析

（一）互联网时代会计师资队伍的建设

1. 会计专业教师课堂内部角色特性的重新定义

随着新课改方针的落实，有关高校内部会计专业开始大力提倡项目教学法，希望师生之间彼此合作，营造课堂积极探究互动的愉悦氛围，使学生能够在课后借助网络、图书馆渠道收集广泛课题信息，同时主动渗透到对应岗位领域中积累实践经验，至此不断提高自身实力。透过上述现象观察，教师全程角色地位几乎发生着本质性的变化，以往填鸭式硬性灌输行为弊端得以纠正，并且朝着教学情境多元化设计、学生自主学习意识激发和会计专业技能科学评估等方向扭转。

2. 教师会计专业思维创新和团队协作意识的全面激活

在互联网时代，教师在会计专业教育中需要对学生进行思维创新的训练和激活学生的团队协作意识，以更好地适应现代教育的需求。首先，教师应积极采用创新的教育方法和工具，包括在线教育平台、虚拟实验室、数据分析工具等，以提供更具吸引力和互动性的教育体验，激发学生的学习兴趣和主动性。其次，教师需要培养学生的创新思维和问题解决能力，鼓励他们提出新的观点和方法，推动学科的发展和进步。再次，教师应强调团队协作意识，鼓励学生在小组项目中合作，模拟真实工作环境，培养团队合作和沟通能力。最后，教师自身也需要不断学习和更新知识，保持教育领域的敏感性，与同行分享经验和资源，形成教育创新的共同体，共同推动会计专业教育的发展。互联网时代的教师要积极适应变

化，勇于创新，与学生一起探索未来会计教育的新方向。

3. 提高会计专业教师团队现代化教学理念的培训与研习的效率

在互联网时代，不断提升会计专业教师团队的整体现代化教学理念需要高效的培训和研习方式。互联网技术为这一目标提供了强大的工具和平台。教师团队可以利用在线教育平台、虚拟研讨会、远程培训课程等资源，随时随地进行培训和研习。这种灵活性和便捷性使教师能够更容易地获取最新的教育理念和教学方法，不受地理位置的限制。此外，互联网还提供了在线社交和合作工具，使教师能够与同行分享经验、互相学习，并建立专业网络，促进教学理念的交流和共享。总之，互联网时代为会计专业教师团队提高现代化教学理念的培训和研习效率提供了便捷的途径，有助于提高教育质量和教师的教育水平。

4. 有机强化校园与企业的经济辅助支撑和人才供应等事务协作交流力度

互联网时代为校园和企业之间的经济辅助支撑和人才供应事务提供了更强大的协作和交流渠道。学校可以利用互联网平台与企业建立更紧密的联系，包括实习机会的发布、招聘活动的组织、行业讲座的开展等，从而更好地满足企业对人才的需求。同时，企业也可以通过互联网渠道与学校合作，提供实践机会，通过导师指导、项目合作等方式，促进学生的实际能力培养，为未来的就业做好准备。这种有机的合作和交流不仅有助于学生更好地融入职场，还能够促进教育和产业的双向互动，促进教育体系的不断改进和优化。因此，互联网时代为校园和企业之间的经济辅助支撑和人才供应事务提供了更多机会，有助于实现更紧密的合作和共赢。

5. 借助校内各类科研项目提高会计专业教师教学质量

在互联网时代，校内各类科研项目可以成为提高会计专业教师教学质量的有效手段。科研项目不仅有助于教师深入研究会计领域的最新发展和趋势，还可以提供实践和案例，丰富教学内容，使教学更加贴近实际应用。通过参与科研项目，教师可以不断更新教材和课程，保持教学内容的时效性，提高教育质量。

科研项目也可以成为教师的教学资源，用于辅助教学。教师可以将科研成果融入课堂教学，让学生接触到最新的研究成果和实践经验。这样，学生可以更好地理解理论知识与实际应用之间的联系，强化学习的深度、拓宽学习的广度。

科研项目还可以激发教师的教学热情和创新能力。通过深入研究和实践，教师可以积累更多的教育经验和教学方法，不断提高自己的教学水平。而且，科研项目的成功完成也可以为教师赢得更高的声誉，激励他们全心投入教学中。

综上所述，互联网时代借助校内各类科研项目成就可以有效提高会计专业教师的教学质量，促进教育质量的提高。

（二）移动自主学习环境下的师生角色关系转变

随着现代信息技术的迅猛发展，网络技术在教育中的应用日益广泛和深入，特别是"互联网＋教育"的模式，为学校教育提供了丰富的资源，使网络教学真正成为现实，为有效实施素质教育搭建了平台，有力推进了新课程改革。现代信息技术的发展为创新人才培养提出了挑战的同时也提供了机遇。现代信息技术教学具有"多信息、高密度、快节奏、大容量"的特点，其所提供的数字化学习环境，是一种非常有前途的个性化教育组织形式，可以超越时间和空间的限制，使教学变得灵活、多变和有效。处在教育第一线的教师，必须加强对现代化教育技术前沿问题的研究，努力探究如何运用现代信息技术，尤其是在课堂上将基于现代信息技术条件下的多媒体、计算机网络与学科课程整合，创新教学模式、教学方法，更好地激发学生的学习兴趣，调动积极性，使课堂教学活动多样化、趣味化、生动活泼、轻松愉快，提高教学效率。

现代社会要求青年一代要具有较强适应社会的能力，并从多种渠道获得静止与变化、传统与现代的各种知识。传统的教学模式是老师在课堂上讲课，学生在下面接受知识；而新型课堂教学模式是学生在教师指导下，通过积极参与教学实践活动，学生自主完成知识的学习，课堂变成了师生之间和学生之间互动的场所。面对常规的每一节课，面对基础不一的每一个学生，面对每一个新的知识点和每一个学生不同的需求，打造翻转教学模式下以学生为中心的高效课堂教学就显得十分重要。

1. 学生角色

移动自主学堂为学生提供了一个个性化的学习平台，让学生可以根据自己的学习需求和兴趣，有效管理和计划自己的学习任务。学生可以系统查看自己未完成的任务、老师发布的考试和作业，以及自己制定的学习任务。这种任务管理的方式有助于提高学生的学习效率和自主学习能力。

移动自主学堂还通过学习曲线算法，根据学生的学习情况和表现，智能地为学生布置学习任务。如果学生长时间没有练习某个知识点，系统会自动推送相应的学习资源和练习题，帮助学生及时弥补知识的漏洞。这种个性化的学习任务推送有助于学生更有针对性地提高自己的学习水平。

学生可以随时查看自己的学习记录，包括学习了哪些知识、每个知识点的学习时间、测试的反馈等信息。这些学习记录有助于学生了解自己的学习情况，及时调整学习策略。此外，学生还可以利用学习记录中的错题集，有针对性地进行练习和巩固，提高学习效果。

移动自主学堂的考试和作业功能也经过智能化设计，根据学生的学习记录自动剔除已掌握的试题，从而节省学习时间，提高效率。学生可以根据自己的需求选取专题学习，系统也可以根据学生的特点推送相关的试题供学生进行练习。这种个性化的试题推送有助于学生有针对性地提高自己的薄弱知识点。

总之，移动自主学堂通过智能化的任务管理、学习任务推送、学习记录管理和个性化试题推送等功能，为学生提供了一个高效、个性化的学习平台，有助于提高学生的学习效果，提升他们的自主学习能力。

2.教师角色

教师可以通过系统出题并指定试题的属性，如知识点、能力体现和难度系数等，这有助于确保题目与课程教学目标的匹配。系统还可以根据学生的答题情况计算试题的难度系数，并自动优化题库，为教师提供有关试题质量的反馈建议，这有助于提高出题的质量和效率。

另外，系统还能够监测学生对学习资源的使用情况，包括学习次数和时间，这有助于教师了解学生的学习习惯和需求，从而更好地指导学生。教师可以通过系统发布随堂练习，及时检查学生的学习情况，以便在课堂上解决学生的问题，提高教学效率。

系统还提供了个性化教学的支持，教师可以查询学生的整体情况，包括他们在哪些知识点上出错率较高的情况，这有助于教师更好地了解学生的需求。此外，系统还可以为教师提供学生的学习档案和最近的学习情况，帮助教师为每个学生提供个性化的学习建议，有针对性地解决他们的学习问题。

总之，这一教育技术系统为教师提供了强大的工具和资源，有助于提高教学质量，提供个性化的教育支持，满足不同学生的学习需求。

（三）营造师生及生生互动的学习空间

在信息化环境下，移动自主学堂的教学模式着重营造师生互动和生生互动的学习空间。这种教学模式允许教师和学生之间进行多样化的互动，并为每位学生提供个性化学习的机会和支持。

1. 师生、生生互动

教师可以根据不同的教学需求和学生特点，采用多种教学方式，如讨论、竞争学习等，来激发师生和生生之间的互动。教师还可以通过系统记录的学生的行为数据来了解学习情况，这有助于更好地分析和管理学生的学习过程。

2. 个性化学习

这种模式允许学生根据自己的学习节奏和需求，在课外自主学习课堂教学中的内容。系统根据学生的学习路径和错误点进行个性化推荐，帮助学生克服学习困难。教师也可以根据系统记录的学生错误试题的数据，进行个性化指导，确保每位学生都能够取得进步。

3. 渐进式自主学习

这一模式采用了先学、精讲、后测、再学的渐进式学习方式，使学生可以在不同的阶段进行学习、讨论和测试，以确保他们充分理解和掌握教学内容。这种方式还鼓励学生在学习过程中积极参与，自主解决问题，并与教师和其他学生互动交流。

4. 学习支持服务系统

通过学习支持服务系统，教师和学生可以更好地利用学习资源，进行测试和评价，以及跟踪学生的学习进展。这一系统提供了实时的反馈和数据分析，有助于教师更好地指导学生，同时也为学生创造了自主学习的环境。

总之，这种信息化环境下的教学模式为师生创造了一个互动学习的空间，有助于提升教学效果、提高学生学习体验。这种模式不仅有助于教师更好地满足不同学生的学习需求，还鼓励学生积极参与学习过程，提高他们的自主学习能力和学习效率。

三、互联网时代会计教学的考核评价

（一）互联网时代中会计教学考评创新体系设计

为顺应互联网技术发展的需求，满足学生的课外学习诉求，会计教学方式必须进行变革，要充分利用现有的网络发展技术，开发研制会计网上考核系统，以提升会计教学的效率与效果。会计考核系统的设计，应体现以下几个思路。

1. 利用信息化技术

互联网已经成为全球范围内的教育工具，提供了随时随地的学习机会。会计教育可以利用网络教育的优势，开发研制课程网上考核系统，以提高教学效率。这个系统应该充分利用互动性、交流性、自主性等特点，为学生提供更灵活的学习方式。

2. 考虑高校实际情况

会计考核系统的设计需要充分考虑高校会计教学的师资力量、网络建设水平和学生的设备条件。系统应该易于使用，师资队伍中的大多数教师都能够运用，同时也要适应学校的网络环境和学生的设备条件。

3. 反映最新成果

会计信息化领域已经有了很多成果，如 ERP 系统、数据库技术和标准化会计报告语言等。这些成果可以在会计教学考评系统的设计中得到应用，提高数据处理能力。

4. 开放性和可扩展性

系统的设计框架应具备开放性和可扩展性，以适应未来的升级和更新。同时，应该有标准化的接口，以便将来与高校的教务系统完全对接，实现信息的共享和互通。

总之，会计教学考评创新体系的设计需要紧密结合互联网时代的技术发展趋势和高校会计教学的实际情况，充分利用信息化技术，反映最新的信息化成果，为学生提供更灵活和便捷的学习方式，提高教学效率。同时，设计要具备开放性和可扩展性，以适应未来的发展需求。

（二）教师考核评价制度的改革

《教育部关于深化高校教师考核评价制度改革的指导意见》指出，要"以师德为先、教学为要、科研为基、发展为本为基本要求"，以"坚持社会主义办学方向与遵循教育规律相结合""坚持全面考核与突出重点相结合""坚持分类指导与分层次考核相结合""坚持发展性评价与奖惩性评价相结合"为考核评价的基本原则，努力解决考核评价存在的突出问题。为此，应从以下方面深化改革。

1. 考评内容

①师德师风。将师德师风纳入评价体系，加强对教师的师德考核和监督，建立师德长效机制，包括师德档案和负面清单制度，严格惩戒违规行为。

②教育教学水平。加大对教育教学水平的考核权重，建立多元的教学质量评价体系，包括学生评价、同行评价、督导评价等，以确保教师的教学质量。

③科研评价。建立科学合理的科研评价标准，根据不同学科领域和研究类型，制定差异化的评价体系，强调科研服务国家经济社会发展的效果。

2. 考评方式

①教师自评。充分尊重教师自我评价，建立教师自评指标体系，增强教师的主体意识。

②学生评价。引入学生评价，包括对教师的道德品质、教学态度、教学效果等进行评价，以学生的反馈为参考。

③同行和督导评价。建立同行评价和督导评价机制，通过专家和同事的评价来全面了解教师的教育教学情况。

④分类评价。根据不同类型和层次的教师，建立分类评价体系，以充分考虑不同教师的特点和需求。

3. 考评效果保障

①规范评价程序。确保评价程序公开透明，建立评价结果反馈机制和评价结果申诉程序，保障评价的公正性和准确性。

②政策联动。建立各类评估评价政策联动机制，确保不同评价体系之间的衔接和互动，避免碎片化管理。

③部门协调。建立学校领导、人事管理部门、教学、科研等管理部门之间的

协调机制，保障各部门之间的信息共享和问题解决，提高考评工作的效率。

综上所述，教师考核评价制度的改革应该综合考虑师德、教育教学水平和科研贡献等多个方面的因素，采用多元的评价方式，确保公平、公正、科学的考评体系，并建立相应的政策和机制来保障考评效果的实施和监督。这将有助于激发教师的积极性，提升高校教育质量，推动教育事业的不断发展。

第五章　互联网时代会计教学改革的路径

第一节　互联网时代会计教学活动的实施策略

一、互联网时代会计教学新思路

（一）明确教学目标并改变教学模式

在互联网时代，会计教育面临着前所未有的机遇和挑战，迫切需要明确教学目标并改变教学模式，以适应快速变化的信息技术和全球化经济的发展趋势。

首先，明确会计教学目标需要更加强调学生的综合素养和实际应用能力。互联网时代的会计教育不仅是传授会计理论和技巧，更重要的是培养学生具备数据分析、财务管理、风险评估等实际应用能力。教育目标应该明确强调学生在实际工作中能够独立解决复杂的会计问题，同时也要注重培养学生的创新和团队协作能力，以适应未来职场的需求。

其次，互联网时代需要改变传统的会计教学模式。传统的课堂授课往往难以满足学生的个性化需求和学习节奏，而互联网技术提供了更多灵活的教学方式，如在线课程、远程教育、虚拟实验室等。这些新模式可以更好地满足学生的需求，提供更多样化的学习机会。因此，会计教育者需要积极探索和采用这些新的教学方法，以提升教育效果、提高课程吸引力。

最后，明确的会计教学目标还需要考虑到全球化的会计趋势。互联网使得跨国企业和国际贸易变得更加频繁和复杂，会计专业人才需要具备跨文化沟通和全球财务管理的能力。因此，会计教育应该更加国际化，培养学生具备全球视野和国际会计标准的理解能力。这需要将国际会计理论和实践融入课程中，提供国际化的学习机会和实践经验。

综上所述，在互联网时代，明确的会计教学目标和改变教学模式是会计教育的当务之急。只有适应新时代的需求，培养具备实际应用能力和全球视野的会计专业人才，才能更好地满足社会的需求，推动会计教育迈向新的高度。这将有助于培养出更具竞争力和适应性的新一代会计专业人才，为经济发展和企业管理做出更大的贡献。

（二）加强技术支持

在互联网时代，高校会计教学迫切需要加强技术支持，以适应快速发展的信息科技和数字化时代的挑战。技术支持在高校会计教育中扮演着关键的角色，它不仅可以提升教学效果，还可以促进教育的创新和升级。

首先，高校会计教学需要利用现代信息技术来提供更多的教育资源和工具。通过互联网，学生可以访问丰富的在线学习资源，包括数字教材、教育视频、模拟软件等。这些资源可以帮助学生更好地理解会计概念和知识，提高他们的学术水平。此外，高校可以开发和利用虚拟实验室和在线模拟工具，让学生在实际案例中应用会计知识，提高他们的实际操作能力。

其次，技术支持可以促进个性化学习。在互联网时代，每个学生的学习需求和节奏不同，传统的教学模式难以满足这些差异化需求。因此，高校可以利用在线学习平台和个性化学习系统，根据学生的学习进度和水平，提供定制化的教学内容和任务。这有助于学生更好地发挥自己的潜力，提高学习效率。

再次，技术支持可以加强教师和学生之间的互动和沟通。通过在线讨论、视频会议和电子邮件等工具，教师和学生可以随时随地进行互动和交流。这有助于解决学生的疑惑和问题，提高教学质量。同时，教师可以利用技术支持工具更好地跟踪学生的学习进展，及时给予反馈和建议。

最后，技术支持可以提高高校会计教学的效率和管理。通过信息系统和大数据分析，高校可以更好地管理教学资源和教师工作，提高教学质量和效果。此外，技术支持还可以促进高校之间的合作和资源共享，推动会计教育的国际化和跨学科发展。

综上所述，在互联网时代背景下，高校会计教学加强技术支持是非常必要的。这不仅可以提高教育质量和效果，还可以促进教育的创新和升级，为培养更具竞争力的会计专业人才提供更好的平台和机会。只有不断迎接技术挑战，高校会计教育才能不断发展和进步，适应新时代的需求。

二、现代会计专业课堂教学方法

在互联网时代，会计专业课堂教学方法必须适应快速发展的科技和信息化趋势，以更好地培养学生的综合素养和实际应用能力。以下是一些适应互联网时代的会计专业课堂教学方法。

①引入在线学习平台。教师可以利用在线学习平台来扩展课堂教学的内容。通过提供电子教材、视频讲座、在线测验，学生可以随时随地访问学习资源，巩固和拓展知识。

②创设虚拟实验室。会计专业需要实际的财务分析和报表制作技能。虚拟实验室可以提供模拟的财务情景和真实案例，让学生在安全、可控的环境中练习和应用会计技能。

③引入在线协作工具。互联网时代鼓励协同工作和团队工作。教师可以利用在线协作工具，如共享文档和项目管理平台，让学生在课堂中一起解决实际会计问题，培养团队合作和沟通能力。

④推广多媒体教学。利用多媒体资源，如图表、图像和视频，可以生动地展示复杂的会计概念和案例，提高学生的理解能力、激发他们的学习兴趣。

⑤引导自主学习。鼓励学生在课堂外进行自主学习，通过在线资源和自主研究来深入学习感兴趣的会计知识，培养自主学习和问题解决能力。

⑥实施反转课堂教学。采用翻转课堂教学方法，让学生在课堂上参与讨论实际的案例分析，而将基本概念的学习留在课堂外完成，以更好地促进深度学习和思考。

⑦利用数据分析工具。会计领域越来越依赖数据分析和大数据技术。教师可以引入数据分析工具，教导学生如何有效地处理和分析财务数据，提高他们的数据科学技能。

⑧强调职业伦理和法规。在互联网时代，会计专业需要更加关注职业道德的

培养和法规的培训。教师可以引导学生思考伦理道德问题，并介绍相关法规和行业标准。

综上所述，互联网时代要求会计专业课堂教学方法更加多样、互动性更强、更注重实际应用和实践能力的培养。教师需要不断更新自己的教学方法，以适应不断变化的教育环境和学生需求，培养具备综合素养和适应未来职业要求的会计专业人才。

三、互联网场景教学法的应用

（一）互联网场景教学法概述

互联网场景教学法是一种基于互联网技术和在线资源的教学方法，旨在提供更具交互性、沉浸式和实践性的学习体验。通过模拟真实的情境和场景，学生可以在虚拟环境中积累实际经验，培养解决问题和应对挑战的能力。这种教学法借助互联网的便捷性，使学习过程更加灵活，适应了学生的个体差异和多样化学习需求，促进了深度学习和跨学科知识的融合，为教育带来了更多可能性。

（二）互联网场景教学在以工作任务为导向的课程体系中的应用步骤

1. 设置工作场景

设置企业会计实际工作流程和场景，基于实际软件项目，进行项目分析和任务分解，以还原企业会计工作任务的环境和要求。

2. 安排会计工作主导性项目

将课程的知识点和技能整合成一个或多个项目案例，通过这些可扩展的项目，学生逐步学习相关知识和技能。所有会计专业实践都在项目中完成，学员通过实际任务获得实际运用的能力。

3. 进行角色模拟

学生在实际课程和项目实训中，使用真实的企业项目、工作流程和工具，扮演不同角色（如会计、出纳、主管等），协同完成任务，体验不同岗位的工作日常，掌握各种角色的工作技能。

4. 实施任务分解

将整个项目划分为多个子任务，分析每个任务所需的知识、技能和素质要求，并通过任务完成的方式来组织学习内容，设计课程体系。

5. 分享项目经验

通过模拟企业会计实际工作场景和测试项目的训练，学生积累实际项目经验，熟悉项目测试中常见的技术、流程和协作问题，掌握相关解决方法。这样的分享可以提高学生的综合能力和实际操作经验，为他们未来的职业发展打下坚实基础。

（三）互联网场景教学法应用效果

在互联网场景教学法下，知识和技能的传授和自学都严格遵循从具体到抽象、从一般到特殊的规律，将在提升学生职业素质等多个方面产生明显效果。

1. 全面提升学生职业素质

通过互联网条件下的上机操作、项目实践、课堂研讨、在线学习等方式，学生可以在任务目标设定、个人时间管理、团队协作、沟通、冲突处理等方面得到职业素质的训练，从而全面提升了他们在会计工作岗位所需的职业素质。

2. 培养学生团队协作

学生在课程中应组成不同的团队，通过技术研讨、实际操作等方式，合作完成任务和项目。这有助于培养学生的团队协作能力，增强他们在工作中与他人协同合作的能力。

3. 提高学生动手能力

通过实际操作、实验和项目演练，培养他们的动手能力和问题解决能力，学生将能够自己动手处理会计业务。这有助于学生掌握重要的会计技术，并积累实际经验，为未来参加工作、参与项目提供了保障。

4. 提高学生学习能力

通过项目训练、自主操作、在线学习和讨论，学生养成了自主学习的习惯，掌握了有效的自学方法和工具。这有助于提高学生的学习能力，使他们能够更好地应对不断变化的知识和技能需求。

第二节　互联网时代会计教学形式的改革

一、培养能力驱动型人才是互联网时代会计教学形式改革的重点问题

在知识已取代劳动力成为经济发展战略性资源的当今社会，经营、管理、技术的创新和发展，有赖于高素质的人才。高等教育作为人才培养和学术研究的重要阵地，承担着知识生产、传递和转换的重大责任。如何适应知识经济的需要，培养高智商、高情商和高灵商的高素质会计人才，成为高等会计教育面临的一大难题。

（一）能力素质是高素质人才培养的核心

在互联网时代，会计教育进入了一个全新的阶段，其中能力素质已经成为高素质人才培养的核心。传统的会计教学注重知识传授和技能培养，然而，互联网的普及和数字化革命已经改变了会计领域的格局。现代会计不再是简单的数据录入和报表制作，而是需要会计从业人员具备更广泛、更深层次的能力素质。

首先，信息获取和数据分析能力变得更加重要。在互联网时代，会计从业人员需要筛选、整理和分析大量的数据和信息，以支持企业的决策制定。因此，会计从业人员需要培养信息敏感性和信息分析能力，要能够从海量数据中提取有价值的信息，为企业提供决策支持。

其次，创新思维和问题解决能力也成为不可或缺的素质。互联网时代充满了不确定性，会计从业人员需要具备创新思维能力，以应对各种挑战。他们需要具备解决问题的能力，不仅仅是识别问题，还要提出创新性的解决方案，为企业持续发展提供支持。

最后，沟通协作能力在互联网时代变得尤为重要。会计不再是孤立的工作，而是需要与各个部门和团队合作，共同完成任务。因此，会计从业人员需要培养良好的沟通和协作能力，能够有效地与他人合作，达成共识，共同实现目标。

总之，互联网时代的会计教育需要更加注重培养学生的综合能力，使他们不仅仅是传统的会计从业人员，更是具备创新、解决问题、沟通协作等综合能力的高素质会计人才，以适应未来会计领域的挑战。这些能力素质已经成为高素质人才培养的核心，有助于他们在竞争激烈的职场中脱颖而出，并为企业的可持续发展做出贡献。

（二）应用型人才的培养形式

在互联网时代，高校的会计专业培养目标主要聚焦于培养应用型人才，以解决学生的就业问题并提升他们的竞争力。这一培养形式着重培养学生在职业发展中所需的各项能力素质，将职业优势、就业优势、创业优势作为特色来追求。在这个背景下，会计专业学生需要面对的不仅仅是学习，还包括就业、人际交往、经济和家庭等多个方面的问题，因此需要具备多方面的职业发展能力。

首先，信息能力是培养应用型会计人才的基础。在互联网时代，信息获取、处理和应用成为重要的技能。会计工作需要从海量信息中提取关键数据，因此信息意识、信息技术和信息品质等能力是不可或缺的，能够帮助学生高效地解决问题，并给学生提供准确的会计信息。

其次，表达能力在职业中扮演着重要的角色。学生需要准确、清晰地表达观点和意见，需要使用语言、文字和图表等工具有效地传达信息。良好的表达能力有助于学生步入社会后与同事和客户进行有效的沟通，提高工作效率。

再次，沟通和协作能力也是关键的职业发展能力之一。会计从业人员需要与不同的部门和团队合作，因此良好的沟通和协作能力是必不可少的。学生应该具备组织、处理冲突和激励下属的能力，以促进和谐的人际关系和高效地开展工作。

此外，职业能力是学生在特定职业领域中必备的关键能力，包括专业能力、方法能力和社会能力。这些能力使学生能够胜任特定职业岗位，高标准地履行职责。

最后，创新能力在互联网时代尤为重要。学生需要具备应用创新、集成创新和再创新的能力，以及原始创新的潜力。这些能力和潜力使他们能够不断适应和应对职业领域的变化，提出新的解决方案，为企业和组织创造价值。

综上所述，互联网时代的会计教育强调培养学生的能力素质，使他们能够在职业发展中成功应对各种挑战。这些能力不仅有助于他们在竞争激烈的职场中脱颖而出，还为企业的可持续发展提供了有力的支持。因此，能力素质已经成为高素质人才培养的核心目标，帮助学生在职业生涯中取得成功。

二、互联网时代会计教学模式的改革

互联网技术的发展为会计教学模式的深层次改革提供了平台和技术支撑。会计教育工作者要解决的问题是如何让互联网技术和会计教学模式进行深度融合，探索出互联网时代适用于应用型本科院校会计教学的新模式。在互联网时代实现会计教学模式的深层次改革必须做到以下五个方面。

（一）以学生为中心

互联网时代的会计教学模式正在经历深刻的改革，其中一个重要的变化是将教学主体从教师转变为学生。传统的会计教育往往侧重于教师的灌输式教学，学生被视为知识的被动接受者。然而，在互联网时代，学生已经具备了广泛的信息获取渠道和自主学习能力，因此，教育界开始倡导打造以学生为中心的课堂，以更好地满足学生的需求。

以学生为中心的教学模式强调学生的主动参与和自主学习。在这种模式下，教师不再仅仅是知识的传授者，而更像是学生的导师和指导者。教师成为引导学生探索知识、解决问题、培养创新能力的引路人。学生被鼓励提出问题、主动寻找答案，参与讨论和合作项目，从而培养其批判性思维和团队合作能力。

此外，以学生为中心的教学模式还倡导个性化教育。互联网时代的学生具有多样化的学习需求和兴趣，因此，教育应该更加注重满足不同学生的个性化需求。这可以通过提供多样化的学习资源、采用不同的教学方法和工具，以及鼓励学生根据自己的兴趣和目标定制学习路径来实现。

以学生为中心的教学模式还强调教学的灵活性和实践性。学生在互联网时代需要具备解决问题的能力，因此，教育应该更加注重将理论知识与实际应用相结合。教师可以通过案例分析、参与实验、项目实践等方式让学生亲身体验和应用所学知识，从而增强他们的实际操作能力。

总的来说，互联网时代的会计教育正朝着以学生为中心的方向迅速发展。这种教学模式强调学生的主动参与和自主学习，倡导个性化教育、教学的灵活性和实践性，有助于培养具备综合能力和创新能力的会计专业人才，使他们能够更好地适应快速发展的社会，满足职业需求。

（二）课程资源的多样化

互联网时代的会计教学模式改革中，课程资源的多样化是一个关键的发展方向。传统的会计课程通常以教师讲授为主，教材为主要教学资源，但在互联网时代，学生的需求和学习方式发生了巨大变化，因此需要多样化的课程资源来满足不同学生的需求。

首先，多样化的课程资源包括丰富多彩的教材和学习资料。传统的教材可以与数字化学习资源相结合，如电子教材、在线课程、视频讲座等，以满足学生对不同类型教材的需求。这些资源可以随时随地访问，帮助学生进行自主学习，提高学习效率。

其次，多样化的课程资源还包括在线学习平台和学习管理系统。这些平台包括在线测验、作业提交、讨论论坛等功能，可以为学生提供个性化的学习体验，帮助学生更好地参与课程，与教师和同学互动。同时，这些系统还可以帮助教师进行教学管理和评估，提高教学效率。

再次，多样化的课程资源包括社交媒体和在线社群。学生可以通过社交媒体平台和在线社群与同学、教师以及业界专家互动，分享经验和资源，讨论问题，建立学习网络。这有助于拓宽学生的视野，使他们深入思考，持续学习。

最后，多样化的课程资源还包括了实践性的学习机会。互联网时代的会计教育应该更加注重实际应用和实践，如模拟项目、实习、案例分析等，让学生能够将所学知识应用到实际工作中，提高他们的职业素质和实际操作能力。

综上所述，互联网时代的会计教学模式改革需要充分利用多样化的课程资源，以满足不同学生的需求，提升教师的教学效果并提高学生的学习体验。这种多样化的教学资源可以帮助培养更加全面和具备创新能力的会计专业人才，适应日益复杂多变的职业环境。

（三）教学控制全程化

在互联网时代，会计教学模式的改革必须追求教学控制全程化，以更好地适应学生的个性化学习需求和提升教学效果。

首先，教学控制全程化意味着高校和教师需要更加密切地跟踪学生的学习进展。借助互联网和信息技术，可以实时监测学生的学习情况，包括在线课程的参与度、作业的提交情况、课后测验的成绩等。这有助于教师及时发现学生的学习困难，并提供个性化的指导和支持，以确保每位学生都能够取得良好的学习成果。

其次，教学控制全程化还包括了课程内容和教学方法的动态调整。互联网时代，信息更新和知识更新的速度较快，因此教材和课程内容需要不断更新和调整，以反映最新的会计标准和实践。教学方法也需要灵活调整，以满足学生的不同学习方式和学习节奏。高校应该建立反馈机制，收集学生的反馈意见和建议，及时调整课程内容和教学方法，以提高教学的质量和吸引力。

再次，教学控制全程化还包括了学习资源的多样化和个性化。学生可以根据自己的兴趣和学习需求，选择适合自己的学习资源，包括在线课程、教材、讲座、实践项目等。这些资源应该提供不同难度和深度的学习内容，以满足不同层次学生的需求。高校可以建立个性化学习平台，根据学生的学习效果和兴趣，推荐合适的学习资源。

最后，教学控制全程化还包括了教学评估和反馈的程序化。学生的学习成果，包括在线测验、作业、项目评估等，应该通过多种方式进行评估。教师应该及时反馈学生的表现，提供建设性的意见和指导，帮助学生改进学习策略和方法。同时，学生也应该有机会评估教师和课程，以便教师改进教学方法。

总之，教学控制全程化是互联网时代会计教学模式改革的关键方向之一。通过密切跟踪学生的学习进展、动态调整课程内容和教学方法、提供多样化和个性化的学习资源、进行全程教学评估和反馈，可以更好地满足学生的学习需求，提高教学质量、提升学习效果。这将有助于培养严谨细致、认真负责的会计专业人才，适应日益复杂多变的职业环境。

（四）学习情境混合化

在互联网时代，会计教学模式的改革需要更加注重学习情境的混合化，以提供更灵活、多样化的学习体验，满足不同学生的需求和学习方式。

首先，学习情境混合化意味着将传统的面对面教学与在线教育相结合，创造多样化的学习场景。虽然传统的课堂教学仍然具有重要作用，可以提供实时的互动和师生面对面的交流机会，但在线教育可以扩展学习的时间和地点，使学生能够根据自己的需要有选择性地进行学习，从而增加了学习的灵活性。教育机构应该充分利用在线平台，提供录制的讲座、教学视频、在线讨论等资源，以满足学生的不同学习需求。

其次，学习情境混合化包括教学内容的多样化。传统的会计教育主要依靠教科书和讲座，内容相对固定。然而在互联网时代，可以通过多种媒体和资源呈现不同形式的教学内容，包括文字、图像、音频、视频等。这有助于激发学生的学习兴趣，增强他们的学习动力。高校应该鼓励教师使用多媒体教材、虚拟实验室、在线模拟等教学资源，丰富教学内容，提供更丰富的学习体验。

再次，学习情境混合化包括学习活动的多样化。传统的会计教育主要以课堂讲授和考试为主，学生的学习活动相对单一。然而，在互联网时代，可以引入更多的学习活动，如小组项目、在线讨论、实际案例分析等，以培养学生的问题解决能力和团队协作能力。高校应该鼓励教师设计多样化的学习任务和评估方式，使学生能够通过不同的活动来巩固知识和提高技能。

最后，学习情境混合化还需要重视学生的自主学习能力。在互联网时代，学生可以更加自由地选择学习资源和学习路径，但也需要具备自主学习的能力，包括信息检索、自我管理、问题解决等。教师应该培养学生的自主学习能力，提供学习指导和支持，鼓励他们积极参与学习情境的混合化，发挥他们的主动性和创造性。

总之，学习情境混合化是互联网时代会计教学模式改革的关键方向之一。通过将传统教学与在线教育相结合，提供多样化的学习内容和活动，培养学生的自主学习能力，可以更好地满足学生的学习需求，提高教学质量、增强学习效果。这将有助于培养敏锐、冷静、随机应变的会计专业人才，适应日益复杂多变的职业环境。

（五）教学模式现代化

在互联网时代，会计教学模式的改革是一项必要而迫切的任务。互联网技术和移动互联网技术的普及为会计教育改革提供了前所未有的机会，但也需要克服一些挑战和问题。

互联网技术和移动互联网技术的推广不仅仅是信息技术的革命，更是会计教学模式改革的引线。促进会计教学模式的深化改革，必须充分利用互联网和移动互联网技术的优势，同时也需要注意在这一过程中面临的挑战和问题。

首先，要实现对"翻转课堂"的有效管理。"翻转课堂"是一种倒置传统教学模式的方法，其中学生在课前通过自主学习获取知识，然后在课堂上与教师互动讨论，解决问题。然而，简单地将课前学习转移到在线平台上并不足以实现翻转课堂的效果。教师需要充当学习的引导者，设计合适的学习任务，及时发布课程资源，引导学生自主学习，并在课堂上进行有针对性的讨论和指导。这需要教师对课程进行深刻理解和对学生学习过程进行有效管理。

其次，要实现对知识体系的建构。在互联网时代，学生通过各种渠道获取碎片化的知识，但缺乏一个完整的知识体系。教师需要将这些碎片化的知识点进行整合和串联，构建起完整的知识体系，帮助学生厘清知识结构和逻辑。思维导图和知识结构图等工具可以帮助教师在课堂上呈现知识体系，帮助学生更好地理解和记忆。

最后，要关注学生的自主学习能力。互联网时代，学生可以更自由地选择学习资源和学习路径，但也需要具备自主学习的能力，包括信息检索能力、自我管理能力、问题解决能力等。教师应该培养学生的自主学习能力，提供学习指导和支持，鼓励他们积极参与学习情境的混合化，发挥主动性和创造性。

综上所述，会计教学模式的现代化需要充分利用互联网技术和移动互联网技术，同时也需要解决一些管理、知识体系和自主学习能力方面的问题。只有这样，才能更好地满足学生的学习需求，提高教学质量和学习效果，培养高素质的现代化会计专业人才，以适应职业环境。

第三节　互联网时代会计教学资源的改革

一、会计学科网络教学资源的建设策略

当前，高校信息化建设正在朝着"数字化校园"的目标迈进。实现数字化校园，网络建设是基础，资源建设是核心，因此网络教学资源建设已成为当前高校信息化建设的重要内容和任务之一。近年来，很多高校都组织开发了网络课程和学科网站等教学资源，并在现代化教学中推广应用，成为网络教学资源建设的主要内容和载体。网络教学资源建设将常规教学资源与网络信息技术进行有机整合，以实现学生自主学习和教师辅助教学的教学形式，成为实现教育信息化的重要手段。

会计学科网络教学资源是指基于网络的会计专业教学材料，即基于互联网运行的会计学科信息化教学资源。作为一门热门学科，尤其是实践性和应用性特征明显的学科，会计与计算机和网络的关系十分密切。20世纪50年代，计算机在会计中的应用引发了会计数据处理技术的革命，成为会计发展史上的重要里程碑。随着计算机网络技术的迅速发展，计算机网络技术在会计工作中的应用范围不断扩大，作用不断提升。时至今日，计算机网络技术在会计领域的应用已从最初的单个功能模块发展到集会计核算、会计管理以及预测与决策等功能于一体的综合性软件系统，并实现了网络化管理。与会计学科的发展动态和教育信息化发展趋势相适应，会计学科专业教学中的网络资源使用也十分普遍。会计专业精品课程、网络课程、会计学科专业网站等，大大丰富了会计学科的教学资源，增强了学生的学习自主性，提升了教学效果。然而，当前高校会计学科网络教学资源建设还存在一些问题，需要我们加以关注和解决。

（一）会计学科网络教学资源建设的意义和作用

首先，会计学科网络教学资源的使用丰富了会计专业教学的形式和内容。网络教学资源以多媒体、在线课件、视频、图文资料等形式呈现，使得学生可以方便地浏览、下载各种专业教学材料，丰富了教学资源的多样性，增加了教学资源

的可访问性。这有助于教师更灵活地选择教学材料，提供更生动、多样的教学内容，激发学生的学习兴趣。

其次，会计学科网络教学资源的建设提高了学生的自主性学习能力。通过网络教学资源，学生可以在任何时间和地点进行学习，自主选择学习内容和进度，培养了自主学习能力和自我管理能力。在线讨论、互动式教学等形式也鼓励学生积极参与课堂讨论、积极思考问题，提高了他们的思考能力，营造了良好的学术氛围。

最后，会计学科网络教学资源的使用强化了学生的专业技能培养。会计是一门实践性很强的学科，网络教学资源可以提供模拟实际会计工作环境的案例和任务，帮助学生将理论知识应用到实际问题中，增强了他们的专业技能。例如，通过模拟财务报表分析、模拟税务申报、操作会计软件等，学生可以在虚拟环境中掌握和提高实际工作中所需的技能，为将来的职业生涯做好准备。

综上所述，会计学科网络教学资源的建设不仅丰富了教学内容和形式，还提高了学生的自主学习能力和专业技能培养水平，对于提高会计专业教育的质量和效果具有重要的意义和作用。充分利用网络教育资源，可以更好地满足学生的学习需求，培养更具实践能力和综合素质的会计专业人才。

（二）会计学科网络教学资源的不足

尽管会计学科网络教学资源具有许多优势和潜力，但也存在一些不足之处。

首先，网络教学资源的质量和可信度不一致。在互联网上存在大量的教学资源，这些教学资源的质量参差不齐。学生很难判断哪些资源是准确和可靠的，哪些是不准确或过时的。这导致学生在学习过程中易受到误导，从而降低自主学习的质量。

其次，网络教学资源导致学生的信息过载。互联网上的信息量庞大，学生很容易陷入获取大量信息但难以筛选和处理的困境。这容易导致学生在学习过程中感到不知所措，无法有效地筛选和利用信息。因此，教师需要指导和帮助学生有效地利用网络教学资源。

最后，网络教学资源缺乏互动性和个性化。虽然一些在线课程提供了互动性元素，但与面对面教学相比，仍然存在一定的局限性。学生缺乏与教师和同学的交流互动，可能会使学生感到孤独，这会影响他们的学习体验和学习动力。此外，一些学生需要个性化的教育支持，而网络教学资源往往难以满足这种需求。

总的来说，虽然会计学科网络教学资源具有许多优点，但也需克服一些不足之处，以确保其能够更好地为学生提供高质量的教育支持。高校和教师需要积极弥补这些不足之处，以提高网络教育的质量。

（三）会计学科网络教学资源的建设策略

1. 清晰的教学目标

教育者应该明确教学的核心目标和学习成果。这有助于确定需要开发的网络教学资源类型和内容。教学目标应该与会计学科的课程大纲和要求相一致，以确保资源的有效性和相关性。

2. 多样化的资源类型

建设网络教学资源时，应考虑资源类型的多样化，包括教学视频、在线模拟、虚拟实验、案例研究、互动课程、在线测验等。这有助于满足不同学习风格和需求的学生，并为他们提供更丰富的学习体验。

3. 完整的内容结构

在开发网络教学资源时，应制定完整的内容结构，以确保内容的逻辑性和连贯性。这有助于学生更好地理解和吸收知识，并帮助他们建立知识体系。

4. 互动和参与

网络教学资源应该具有互动性，鼓励学生积极参与学习过程。这可以通过在线讨论、问题解答、小组项目、在线辅导等方式实现。互动和参与可以提高学生的学习动力和参与度。

5. 个性化学习支持

建设网络教学资源时应为学生提供个性化的学习支持和反馈机制。这可以包括在线辅导、个别指导、学习计划建议等。个性化支持有助于满足不同学生的学习需求和水平。

6. 质量控制和评估

建设网络教学资源时，应确保其质量和准确性。资源应经过仔细的审查和评估，以确保其与学习目标和标准一致。定期评估和反馈也是不可或缺的，以不断改进和更新资源。

7. 可访问性和包容性

确保网络教学资源具有高度的可访问性，尽量满足学生的各种需求，包括残疾学生和具有特殊需求的学生。资源应该易于导航和使用，以便学生能够充分利用它们。

8. 持续的专业发展

教师应不断更新自己的教育技能和知识，以跟上最新的教育技术和趋势。参加培训和专业发展活动有助于提高教师的专业水平和创新能力。

总之，建设会计学科网络教学资源需要认真规划、多角度考虑，并不断改进和更新。这些策略可以帮助教育者有效地开发高质量的网络教育资源，提高学生的学习体验和成就。

二、基于互联网的会计教学资源库建设

基于互联网的会计专业教学资源库以区域经济发展转型及企业需求为依据，以技术更新为热点，打破行业、企业与职业教育的壁垒，形成职业教学与企业用人匹配、校企双主体育人的工学结合模式。基于互联网的会计专业教学资源库具有开放性、共享性、可扩展性、高可靠性，可以满足地区经济转型、产业升级对新技术和人力资源的需求，形成产业集聚，促进地区经济发展；可以满足学生、教师、社会人员对会计专业人才的需求，共享会计专业优质资源，缩小地区间会计职业教育水平及人才质量的差距。会计具有一定的共通性，基于互联网的会计专业教学资源库的建设必须涵盖共通的会计准则，在此基础上加入与本地区产业结构密切相关的，如物流会计、旅游会计、农业会计、成本会计及管理会计等知识体系及实操案例，支持本地区产业转型升级，促进本地区经济发展。

（一）会计专业建设标准库

尽管我国在先进制造业和现代服务业发展方面已取得一定成绩，但在创新应用程度、人才支撑等方面仍然存在许多亟待完善的地方。培养优秀技能型会计人才是高等教育的目标之一，需要调研区域经济、行业发展和企业需求，制订相应的会计专业人才培养目标及方案、课程建设标准等。

（二）会计职业信息库

会计职业信息库是一个集中存储和管理会计领域相关信息的数据库，旨在为学生、从业人员和研究者提供有关会计职业的详细信息和资源。该信息库包括会计职业的各个方面，如职业发展路径、技能要求、行业趋势、职业机会、薪资水平、法规法律、专业组织、培训资源等。通过这一信息库，学生可以更好地了解会计职业的特点和要求，做出职业规划决策，提升自己的职业素质，同时也有助于从业人员和研究者了解会计领域的最新动态和研究成果。会计职业信息库的建设和更新需要不断收集和整理相关信息，以确保其准确性和实用性，为会计领域的各类人士提供有价值的参考和指导。

（三）会计专业课程资源库

会计专业课程资源库是一个集中存储和管理与会计学科相关的教育资源的在线平台。它包含了各种会计专业课程的教材、讲义、习题、案例分析、课件、视频讲座等学习资源，旨在为学生、教师和研究者提供方便的教育工具和参考材料。这个资源库不仅有助于学生更好地学习和复习课程内容，还能帮助教师设计和提供更具有创新性和多样性的教学材料，提升课程质量。同时，它也有助于研究者进行教育研究和课程改革，促进会计教育的不断提升和创新。会计专业课程资源库需要不断更新和丰富，以保持与时俱进，满足不同用户的需求，为会计领域的各类人士提供有价值的支持和资源。

（四）学习资源库

学习资源库为学生提供自主学习素材，主要包括文本资料、图片信息、音频或视频文件、虚拟实训内容、职业资格技能训练等，这些素材来自企业、行业一线的实际案例，帮助学生能够将在课堂上学到的理论知识付诸实践，并更好地理解和应用会计知识。

（五）测评资源库

会计教育中的测评资源库是一个重要的教育工具，它包括专业知识题库、知识运用测试、职业判断测试、技能操作测试、毕业论文查重等多种工具。这些资源库的作用是帮助学生在学习过程中进行自我评估和测试，以检验他们的学习成果和技能水平。此外，企业也可以利用这些资源来选择适合其需求的会计专业人才。测评资源库的建设和使用可以提高会计教育的质量，确保学生具备必要的知识和技能，以面临未来的职业挑战。

第四节　互联网时代会计教学改革的资源支持

一、互联网时代会计教学改革的信息资源支持

现代信息技术的发展使教育逐步走向信息化、开放化、大众化，极大地丰富了教育的形式，为素质教育、创新教育提供了环境、条件和保障，也为会计教学改革提供了良好的机遇。随着通信科技与计算机科技的快速进步，现代信息技术应用于会计专业教学，信息技术与会计课程教学的整合已成为当今会计教育发展的必然趋势。

（一）适应现代信息技术的发展，改革会计专业的课程设置

在现代信息技术条件下，会计信息管理已经发生了巨大的变革，数据共享和网络传输成为主要方式，同时会计信息与其他管理和经济信息紧密关联。因此，在设计会计专业课程时，必须考虑到在网络环境下处会计信息的需要，建立新的课程体系，使学生具备应用现代信息技术的能力。会计专业课程应当与管理学、经济学以及现代网络信息技术有机结合，增加与信息技术相关的课程，如"现代信息技术""网络环境会计核算与控制""管理信息系统""电子商务与会计"等，以确保学生在掌握传统会计核算原理的基础上，能够理解现代信息技术对会计领域的影响，掌握应用现代信息技术处理会计信息的能力。这样的课程设置将有助于培养具备综合能力的会计专业人才，使他们能够适应不断变化的信息管理环境和职业要求。

（二）适应会计教育的信息化，创新会计教学模式

传统的埋头苦学式学习方法、课堂教学形式以及教学内容逐渐难以满足现代会计教育的需求。因此，迫切需要加速会计教学模式的创新，充分利用现代信息

技术，以新型教学模式逐步替代传统的教育模式。

现代多媒体技术的发展使交互式教学成为可能。交互式教学模式利用计算机网络技术和会计教学软件，实现教师和学生之间的双向交流。举例来说，在会计信息化课堂上，教师可以利用计算机网络的同步传输和异步传输功能进行教学。学生可以通过计算机向教师提问，教师则可以在自己的主机上回答问题、指导学生解决问题。教师既可以单独辅导学生，也可以进行集体辅导。此外，教师还可以将某个学生的作业放在网络上供大家共同学习。总的来说，交互式教学的关键在于教师和学生的平等交流和自主互动。如果学生只是接收信息和知识，而不能积极参与，那么教学过程将变得枯燥，也难以实现有效的教育效果。

因此，借助现代信息技术，采用交互式教学模式，可以促进会计教育的创新，提升教学效果，使学生更主动地参与学习，更好地适应不断发展的会计领域。这种教育模式有望更好地培养出具备实际操作技能和团队协作能力的会计专业人才。

（三）利用现代化的教学手段，提高会计教学效果

应用计算机网络技术的教学平台系统、智能辅导系统开展教学，将带来教学手段的变革，大大提升教学效果。

1. 开发多媒体辅助教学系统，提升会计教学效果

开发多媒体辅助教学系统是一项重要举措，旨在提高会计教学效率。该系统利用现代多媒体技术，结合丰富的图像、音频和视频资源，为学生提供互动式学习体验。通过多媒体辅助教学，教师可以生动地呈现复杂的会计概念和流程，激发学生的学习兴趣，促进他们对知识的理解，增强他们的记忆能力。学生可以通过视听觉等多种感官方式深入了解会计知识，从而更好地掌握和运用。此外，多媒体教学系统还可以提供在线作业、模拟考试和实践案例分析等功能，帮助学生应用所学知识，培养实际操作能力。通过开发多媒体辅助教学系统，教师可以实现个性化教学，调动学生的学习积极性，达到教学目标，从而显著提升会计教育的效果。

2. 发展网络学习系统，拓展会计教学时空

发展网络学习系统是为了拓展会计教学的时空范围，提供更灵活、便捷的学

习机会。这一系统利用互联网和现代信息技术，使学生能够随时随地访问教学资源和课程内容。无论是在线课堂、自主学习还是远程教育，都可以通过网络学习系统实现。这不仅消除了地域限制和时间限制，还允许学生按照自己的学习节奏和兴趣进行学习。网络学习系统还为教师提供了更多的教学工具和互动机会，促进了学生和教师之间的交流和合作。通过发展与完善网络学习系统，会计教育可以更好地满足教师与学生的需求，提高教学效果，培养更具实际能力的会计专业人才。

（四）适应现代信息技术的要求，加强学生能力的培养

适应现代信息技术的要求，加强学生能力的培养包括以下几个方面的内容。

1. 学生信息技术应用能力的培养

在网络经济时代，会计人才需要熟练应用计算机网络技术。因此，高等院校应该开设与信息技术相关的课程，如"现代信息技术""网络环境会计核算与控制"等，以提高学生的网络技术应用能力。

2. 学生信息检索能力的培养

学生需要具备在大量信息中及时发现有用信息的能力。因此，应注重培养学生的信息获取能力，包括现代信息检索技术、数据库管理和信息分析技术等方面的教学。

3. 学生自我学习能力的培养

会计人才需要不断更新自己的知识，因此应培养学生的自我学习能力。学生应该具备通过网络平台进行自学的能力，因此教师教学要兼顾传授学生知识和培养学生自学能力。

4. 学生创新能力的培养

创新能力是未来会计人才必备的能力之一。教学应充分尊重学生的主体地位，发挥他们的自觉性、自主性和创造性，培养其创新意识和创新能力。建设会计网络教学体系，包括资源库的建设、支持平台的建设和应用系统的建设，以促进学生的创新学习。此外，网络平台上有关会计信息资料也应及时更新，以满足学生的学习需求。

（五）适应现代信息技术的要求，提高教师的信息化素养

教师素质直接决定着教学的效果与质量，要培养出能够适应信息技术发展的高素质会计人才，必须全面提高会计教师队伍的素质。会计教师除了需要掌握新的会计理论和方法，具有独立思考、独立教学的能力之外，还需要提高运用信息技术的能力，熟练应用计算机网络技术，方便快速地查询最新的会计资料和各种法规制度，及时更新教案，合作开发与使用计算机多媒体教学资源，进行课程资源建设、开展课堂互动教学，不断提高自身的业务水平和信息化水平。

二、互联网时代会计教学改革的服务资源支持

会计专业教学与服务资源是为会计教师、学生、会计从业人员和企业提供所需资源和服务的平台。它通过会计专业教学与服务资源库的建设，提升高等院校会计专业的人才培养质量和社会服务能力，帮助会计从业人员提高工作水平和更新技能，满足个人多样化学习和终身学习的需要。完成会计专业教学与服务资源库的建设，一方面可以提升高校会计专业的人才培养质量和社会服务能力，使会计专业学生受益；另一方面可以为会计从业人员提高和更新技能，满足个人多样化学习和终身学习提供服务。

（一）会计专业教学与服务资源库的建设内容

1. 课程资源库建设

课程资源库应包含会计专业课程的教材、讲义、课件、习题集等教学资源，以满足学生学习不同课程的需求。这些资源应具备多样性，包括文字、图像、视频等多种形式，以适应不同学习风格的学生。

2. 案例库建设

创建会计领域的案例库，包括企业的财务报表、会计核算问题、税务筹划案例等。这些案例可以用于课堂教学、课后作业和期末考试，帮助学生更好地理解理论知识并将其应用到实际情境中。

3. 在线教育平台建设

搭建在线教育平台，支持远程教学和自主学习，包括视频课程、在线讨论板

块、作业提交系统、在线测验和考试等功能，为学生提供多样化的学习体验。

4. 学生学术支持服务

提供学术支持资源，包括学术论文写作指导、文献检索工具、引用管理软件等，帮助学生提高学术研究和写作能力。

5. 实习与就业资源

建立与企业合作的实习和就业信息库，为学生提供就业指导和实践机会，包括企业招聘信息、面试技巧、职业规划等内容。

6. 持续更新与维护

资源库需要定期更新，以反映会计领域的最新发展和法规变化。同时，还要确保平台的稳定性和安全性，以保护教师和学生的个人信息和学术资料。

7. 用户培训与支持

为教师和学生提供培训和技术支持，以确保他们能够充分利用资源库进行教学和学习活动。

8. 质量评估与改进

建立质量评估机制，定期对资源库的内容和服务进行评估，并根据反馈意见进行改进，以提高教学和服务质量。

通过综合建设以上内容，会计专业教学与服务资源库将成为学生学习、教师教育和行业发展的重要支持工具，促进会计教育的现代化和实践化。

（二）会计专业教学与服务资源库的建设要点

（1）需要建立全面的课程资源库，包括各个学期的课程教材、讲义、课件、习题集等，以确保学生能够获得丰富的教学资料。这些资源应该定期更新，反映最新的会计理论和实践。

（2）需要创建案例库，包括企业的财务报表、会计核算问题、税务筹划案例等。这些案例可以用于课堂教学、课后作业和随堂考试，帮助学生理解理论知识，将抽象的知识转化为具体的实践经验。

（3）建立在线教育平台，支持远程教学和自主学习，包括视频课程、在线讨论板块、作业提交系统、在线测验和考试等功能，给学生提供多样化、趣味性的学习体验。

（4）还需要提供学生学术支持服务，包括学术论文写作指导、文献检索工具、引用管理软件等，帮助学生系统、完整地了解从科学研究到论文发表的全过程并掌握正确的方法。

（5）建立实习与就业资源库，为学生提供实践机会和就业指导。健全学生生涯规划与就业指导体系，帮助学生走好踏入职场的第一步。

（6）要定期评估资源库的内容和服务质量，根据反馈意见进行改进和优化，以确保资源库能够满足学生、教师和行业的需求，促进会计教育的现代化和实践化。

（三）会计专业教学与服务资源库的建设意义

首先，会计专业教学与服务资源库的建设可以提高会计教育的质量和效果。通过建设丰富多样的教学资源库，学生能够获得更多的学习材料和案例，从而使学生更好地理解和应用会计知识。这有助于提高他们的学术水平和职业素养，为将来的职业发展做好充分准备。

其次，资源库的建设可以促进教育的现代化和信息化。在现代信息技术的支持下，教师和学生可以随时随地访问和共享教学资源，实现远程教育和自主学习。这有助于打破地域限制，扩大教育的覆盖面，提高教育的普及率和可及性。

再次，资源库还可以加强学生实践能力的培养。通过提供实际企业的案例和数据，学生可以更好地理解会计实务和业务运作，提高他们的实际操作能力。这对于他们将来从事会计行业非常重要。

最后，资源库的建设还可以促进学术研究和行业发展。学术界可以借助资源库中的数据和文献开展研究工作，为会计领域的理论和实践提供新见解和改进方案。同时，行业可以通过资源库提供的信息和服务，更好地满足企业和市场的需求，推动会计行业的发展和创新。

综上所述，会计专业教学与服务资源的建设对于提高教育质量、推动教育现代化和信息化、培养学生实践能力、促进学术研究和行业发展都具有积极的意义和重要的价值。这是现代会计教育不可或缺的一部分，应得到广泛的关注和支持。

三、互联网时代会计教学改革的教学手段支持

在互联网时代,教学手段的丰富得以让教师采取各类方法进行教学,启发式教学、行动导向教学、会计模拟教学、分层次教学是长期运用到会计教学中的教学手段。

(一)启发式教学

互联网时代的会计教学改革需要不断探索创新的教学手段,其中启发式教学被认为是一种极具潜力的方法。启发式教学强调培养学生的独立思考和问题解决能力,鼓励他们积极参与课堂讨论和互动,从而更好地理解和应用会计知识。

在互联网时代,教师可以利用在线平台和多媒体资源来设计启发式教学活动。例如,教师可以引导学生通过在线讨论或协作项目来分析真实的会计案例,让他们自己提出解决问题的方法和建议。这种互动式的教学方式可以激发学生的学习兴趣,培养他们的团队合作能力和沟通能力。

此外,启发式教学也可以通过在线测验和练习来促进学生的自主学习。教师可以提供一系列的在线习题和案例,让学生自行解决,并及时获得反馈和评估。这有助于学生发现自己学习的不足之处,针对性地提高自己的能力。

总之,启发式教学是一种适应互联网时代的会计教学改革的有效手段。它通过互动性、问题导向的教学方式,培养学生的独立思考和解决问题的能力,有助于提高会计教育的质量,使学生更好地适应现代会计职业的需求。因此,在互联网时代的会计教育中,应积极探索和应用启发式教学方法。

(二)行动导向教学

在互联网时代,行动导向教学成为会计教学改革的重要教学手段之一。这种方法强调学生的主动参与和实际操作,以促进他们更好地掌握会计知识和技能。

首先,行动导向教学强调实际案例的运用。通过互联网,教师可以为学生提供丰富的真实会计案例和业务情境,让学生在模拟的环境中进行实际操作和决策。这种实际案例的运用可以帮助学生将理论知识应用到实际情境中,培养他们解决实际会计问题的能力。

其次,行动导向教学注重学生的自主学习和团队合作。学生可以通过互联网

平台自主选择学习资源，根据自己的兴趣和需求进行学习。同时，他们也可以与同学合作，在团队项目中共同解决复杂的会计问题。这有助于培养学生的自主学习和团队协作能力，提高他们的综合素质。

最后，行动导向教学还注重反馈和评估。通过在线测验和评估工具，教师可以及时了解学生的学习进度和表现，为他们提供个性化的反馈和指导。这有助于学生更好地调整学习策略，提高学习效率。

总的来说，行动导向教学借助互联网技术，强调学生的实际操作和主动参与，有助于提高会计教学的质量。在互联网时代的会计教育中，应积极采用行动导向教学的手段，使学生更好地适应现代会计职业的需求。这种方法有助于培养具备实际操作能力和团队协作精神的会计专业人才，为他们未来的职业发展打下坚实的基础。

（三）会计模拟教学

互联网时代会计教学改革的教学手段之一是会计模拟教学，它在会计教育领域中发挥着重要作用。会计模拟教学利用虚拟环境和计算机技术，模拟真实的会计场景和业务操作，使学生能够在安全的虚拟环境中进行实际的会计工作，以提高他们的实际操作能力和解决问题的能力。

首先，会计模拟教学通过虚拟模拟软件提供真实的会计实践体验。学生可以在虚拟环境中扮演会计师的角色，进行会计凭证处理、财务报表编制、税务申报等操作，这些操作都模拟了实际工作中的情境。通过实际操作，学生能够更好地理解会计原理和规定，培养实际操作技能。

其次，会计模拟教学强调以问题为导向的自主性学习。在虚拟环境中，学生会遇到各种复杂的会计问题和挑战，需要运用他们的知识和技能来解决。这有助于培养学生的问题分析能力和问题解决能力，使他们能够更好地适应复杂多变的会计职业环境。

最后，会计模拟教学还提供了实时反馈和评估机制。在模拟教学过程中，学生的操作和决策会被系统记录下来，教师可以通过分析这些记录来了解学生的表现，并及时给予反馈和指导。这有助于学生不断改进自己的操作和决策，提高他们的综合素质。

总的来说，会计模拟教学是一种现代的教育手段，能够更好地满足互联网时代会计教学的需求。通过虚拟模拟，学生可以在安全的环境中进行实际的会计操作，提高他们的实际操作能力和解决问题能力。这有助于培养更加适应现代会计职业的会计专业人才，提高他们的水平，以便将来能够胜任岗位。

（四）分层次教学

互联网时代会计教学改革的教学手段之一是分层次教学，它强调根据学生不同的学习需求和能力水平，将教学内容和方法划分为不同的层次或难度，以实现个性化和差异化的教学。这种教学手段在互联网时代具有重要意义。

首先，分层次教学能够满足学生的个性化学习需求。学生有不同的学习背景和学习能力，有不同的学科兴趣、学习速度和学习水平。分层次教学允许教师根据学生的实际情况，将教学内容和难度进行灵活调整，让每个学生都能够在适合自己的学习层次上进行学习，提高学习效率。

其次，分层次教学能够提高教学的灵活性。互联网技术使教学资源和信息变得更加丰富和多样化，教师可以根据学生的需要随时获取和调整教学资源。通过分层次教学，教师可以更好地利用网络资源，选择适合不同层次学生的教材和学习活动，提供更加多样化的教学体验。

最后，分层次教学有助于提高教学的效率。互联网时代，学生可以随时随地通过网络获取教学资源，进行自主学习。分层次教学可以将一些基础的教学内容放在网络上，让学生在课堂上更多地进行讨论和实践。这有助于提高课堂时间的利用效率，使学生在课堂上更多地参与互动和进行实际操作。

总的来说，分层次教学是互联网时代会计教学改革的重要手段之一。通过个性化和差异化的教学，可以更好地满足学生的学习需求，提高教学的灵活性和效率。这有助于培养更加适应互联网时代的会计专业人才，提高他们的综合素质和竞争力。

第六章　基于大数据的会计教学改革

第一节　大数据对会计教学的影响

一、大数据时代下会计受到的影响及面临的机遇

互联网作为信息技术发展的产物,是一种新的信息传递机制,它通过技术手段解决了信息不对称的问题,从本质上解决了沟通障碍。在传统行业中,和信息有关的部分内容已经被互联网取代,大幅提高了效率。会计工作是一项极为重视沟通和效率的工作,而以前受技术的限制,信息传递的速度跟不上所需,往往会造成信息不对称,在很大程度上影响着企业的决策。因此,大力发展会计信息化及转变管理职能是会计工作未来要做的重要改革之一。

（一）大数据时代下会计受到的影响

1. 对传统会计面临的难题的突破

随着大数据的发展,其本身带有的优势令传统会计面临的一些难题得以突破。如可以利用远程查账、远程财务稽查、跨地区财务业务协同等方式解决以往难题。

（1）克服时空限制

大数据技术使得财务工作可以实现远程查账和跨地区财务业务协同。无论是地域上的限制还是时间上的限制都被削弱,会计从业人员可以通过互联网随时随地访问和处理财务数据,提高了工作的灵活性和便捷性。

（2）移动办公无纸化

大数据技术结合移动互联网使得会计工作可以实现无纸化办公。通过移动设

备,会计从业人员可以随时查看和审批财务信息,不再需要大量的纸质文件,这不仅节省了成本,还提高了工作效率。

(3)财务数据共享

大数据技术可以实现财务数据的共享和实时更新。跨国或跨地区企业的传统的会计工作会受到数据滞后的影响,而大数据技术可以确保各分支机构的财务数据在网络上实现共享和同步更新,使会计从业人员能够更准确地掌握整体财务状况。

(4)数据分析和决策支持

大数据技术可以处理和分析海量的财务数据,从而为企业提供更多的决策支持。通过数据挖掘和分析,会计从业人员可以发现潜在的业务趋势和机会,帮助企业更好地制定战略和政策。

(5)风险管理和预测

大数据技术可以帮助会计从业人员更好地进行风险管理和预测。通过分析历史数据和市场趋势,可以更准确地识别风险因素,并采取相应的措施来降低风险。

总的来说,大数据技术的发展为传统会计工作带来了更多的机会和更大的优势,使会计从业人员能够更好地应对日益复杂和多样化的会计管理需求,提高了会计工作的效率和价值。

2. 对传统会计在确认、计量上产生的影响

在大数据与各种经济领域融合的过程中,经营上的创新也随之而来,如网络游戏中的虚拟物品、虚拟货币等。这些经营创新的产物对传统会计在确认、计量上产生了影响。

(1)大数据对会计确认产生的影响

大数据时代下,企业不断发展与互联网有关的领域,会计确认对象逐渐多样化。这些经营创新的产物将会改变传统会计在确认上的认识。虚拟资产的会计确认,就是对新型无形资产的确认。虽然虚拟资产不具有实物形态特性,与无形资产类似,但虚拟资产的开发和生产是为了销售,给企业带来的是直接利益,这与无形资产又有明显不同。因此,虚拟资产不能按照传统会计的确认方式归为无形资产,而应该作为一项新型无形资产被确认。

（2）大数据对会计计量产生的影响

会计上对资产的计量通常有两种价值基础，即投入价值和产出价值。其计量属性有历史成本、现行成本和重置成本等。资产的产出价值是以资产通过交换而最终脱离企业时可以获得的现金及现金等价物为基础的，其计量属性有现行市价、可变现净值、清算价值及未来现金流量的现值。

随着互联网的应用及计量对象的不断扩充，历史成本计量受到其相关性差的影响。对于虚拟资产来说，传统商品销售中，商品只能销售一次，所有权也随着销售同时转移。而对于虚拟资产来说，虚拟物品可以被多次重复销售，产品的复制成本可忽略不计。由此，虚拟物品的价值就大幅超出原来的成本投入，历史成本计量就不适用于虚拟资产了。虚拟资产的价值与其产生的未来超额利润直接相关，未来现金净流量充分考虑了货币的时间价值及虚拟资产未来的盈利水平，只要未来现金净流入能够可靠地加以预计，虚拟资产的计量将适用于未来现金净流量。

"互联网+"在不断地发展，越来越多的创新产物也将不断出现，这些创新产物需要得到会计上的合理的确认和计量。

（二）大数据时代下会计面临的机遇

1. 大数据为会计从业人员转型带来了机遇

大数据为会计从业人员转型带来了巨大机遇。随着大数据技术的快速发展和广泛应用，会计行业正在经历前所未有的变革，而这个变革为会计从业人员带来了许多新的机遇。

首先，大数据技术使会计从业人员能够更加高效地处理和分析海量的财务数据。传统的会计工作通常涉及大量的手工录入和数据整理，而大数据技术可以自动化这些重复性任务，从而节省会计从业人员的时间和精力。会计从业人员可以利用数据分析工具快速生成报表、识别异常和了解趋势，帮助企业更好地了解自身财务状况。

其次，大数据为会计从业人员提供了更多的数据源和信息，使他们能够更好地为企业提供战略性的建议和决策支持。通过分析大数据，会计从业人员可以了解市场趋势、客户需求和竞争对手动态，帮助企业制定更明智的战略和政策，提高企业在市场中的竞争力。

再次，大数据技术还为会计从业人员提供了更多的职业选择和发展机会。除了传统的会计岗位，大数据领域涌现出许多新的职业角色，如数据分析师、业务智能分析师等。会计从业人员可以通过学习和掌握大数据技能，转型到这些新兴领域，开拓职业生涯的新方向。

最后，大数据为会计行业带来了更多的市场需求和业务增长机会。企业越来越依赖于数据驱动的决策和业务优化，这意味着会计从业人员将在未来扮演更为重要的角色。大数据技术的应用将会促使更多的企业寻求会计咨询和审计服务，为会计从业人员提供了更多的客户和项目。

综上所述，大数据为会计从业人员提供了丰富的机遇，包括提高工作效率、拓宽职业发展路径、提供更多的市场需求和业务增长机会。然而，要抓住这些机遇，会计从业人员就需要不断学习和适应新技术，不断提升自己的技能和知识，以适应日益变化的会计行业。

2. 大数据为财务会计向管理会计转型带来了机遇

在大数据的影响下，信息的传递速度和信息的共享性使企业对会计信息的要求越来越高，而传统的会计工作已经跟不上这些要求。随着大数据时代下云计算、大数据、移动互联网等新兴技术的广泛应用和快速发展，会计的管理职能也迎来新的变化。会计从业人员的一般性工作时间缩减，有了更多的时间用于为企业创造经济利益，会计的核算职能和会计管理的职能有了明确的划分。因此，财务会计逐步向管理会计转型。会计工作逐步将服务重心从外部利益相关者转移到内部经营效益上，更多地关注企业决策、预测、财务，为企业的发展提供数据支持。这种转变体现在以下几个方面。

首先，大数据技术的应用使得财务会计能够更加实时地获取和分析大量的数据。传统的财务会计主要依赖历史数据进行核算和报表生成，而大数据技术使得会计从业人员能够在几乎实时的情况下获取最新的数据，包括销售数据、库存数据、客户数据等。这使得财务会计可以更好地了解企业的经营状况，及时发现问题并采取措施。

其次，大数据技术的应用为财务会计提供了更多的数据来源和信息。传统的财务会计主要关注财务数据，而大数据技术使得财务会计能够获取更多的非财务数据，如市场数据、竞争对手数据、社交媒体数据等。这些非财务数据可以为财务会计提供更全面的信息，帮助企业更好地了解市场情况和客户需求，制定更明智的战略。

再次，大数据技术的应用为财务会计提供了更多的工具和方法。传统的财务会计主要依赖于表格和报表进行数据分析，而大数据时代的财务会计可以利用数据挖掘、机器学习等高级分析方法，更好地理解数据和发现潜在的关联。这使得财务会计能够提供更多的建议，为企业决策提供更多支持。

最后，大数据技术的应用使得财务会计能够更好地参与企业的决策和规划。传统的财务会计主要负责登记总账和报表生成等工作，而大数据技术的应用使得财务会计可以更加积极地参与企业的战略规划和决策制定。通过分析大数据，财务会计可以为企业提供更多的数据支持，帮助企业更好地制订战略和计划。

综上所述，大数据为财务会计向管理会计转型提供了机遇，使财务会计能够更加实时地获取和分析数据，获取更多的数据来源和信息，利用更多的工具和方法进行数据分析，更好地参与企业的决策和规划。这一转型有助于提高财务会计的地位，提升他们的价值，使其更好地为企业的发展和竞争提供支持。

3. 大数据为会计信息化建设带来了机遇

大数据的兴起为会计信息化建设带来了巨大机遇。随着信息技术的飞速发展和大数据技术的广泛应用，会计领域的信息化建设迎来了前所未有的机遇和挑战。

首先，大数据技术的应用为会计信息化提供了更丰富的数据资源。传统的会计信息化主要依赖于企业内部的数据，而大数据技术可以整合和分析来自各种渠道和来源的海量数据，包括交易数据、市场数据、客户数据等。丰富的数据为会计人员提供了更全面的信息，有助于他们更准确地进行会计核算和财务分析。

其次，大数据技术的应用提高了会计信息的实时性和准确性。传统的会计系统需要一段时间来处理和汇总数据，导致会计信息的更新速度有限，而大数据技术可以实现数据的实时采集和处理，使会计信息能够更及时地反映企业的经营状况。这对于企业的决策制定和风险管理非常重要。

再次，大数据技术的应用拓宽了会计信息化的应用领域。除了传统的财务会计，大数据技术还可以应用于管理会计、成本会计、税务会计等不同领域。例如，通过大数据分析，企业可以更好地了解产品成本结构、客户需求变化、市场趋势等，从而优化经营策略和资源配置。

最后，大数据技术的应用推动了会计信息化的智能化和自动化。通过人工智能等技术，会计系统可以自动识别和分析数据，自动生成财务报表和分析报告，减少了人工干预，提高了工作效率和准确性。

综上所述，大数据为会计信息化建设带来了机遇，丰富了数据资源，提高了信息的实时性和准确性，拓宽了应用领域，推动了智能化和自动化的进程。会计领域需要积极借助大数据技术，不断创新和提升信息化水平，以更好地满足企业和社会的需求。

4. 大数据为会计相关领域的发展带来了机遇

大数据的涌现为会计相关领域的发展带来了巨大机遇。这些领域包括管理会计、审计、税务、风险管理和业务决策等，都受益于大数据技术的应用。

首先，大数据技术为管理会计提供了更多的决策支持。通过大数据分析，企业可以更好地了解市场趋势、客户需求、产品性能等关键信息，从而优化资源配置和制定战略决策。管理会计可以利用大数据来进行成本分析、绩效评估和预测，帮助企业更高效地管理和运营。

其次，大数据技术给审计领域带来了革命性的改变。传统审计通常基于样本抽查，而大数据技术可以分析整个数据集，发现异常和风险，提高了审计的准确性和全面性。审计人员可以利用大数据工具来使审计程序自动化，节省时间和资源。

再次，税务领域也受益于大数据技术的应用。大数据可以帮助税务部门更好地识别逃税行为和税务风险，加强税收征管。税务部门还可以利用大数据来优化税收政策和税收规划，实现更加公平和更加有效的税收体系。

最后，大数据技术对风险管理和业务决策也有重要影响。通过大数据分析，企业可以更好地识别和规避风险，预测市场波动，优化供应链和客户关系。大数据还可以帮助企业更快速地做出战略性决策，适应快速变化的市场环境。

总的来说，大数据为会计相关领域的发展提供了新的机遇，丰富了数据资源，提高了信息的质量和实时性，改变了传统的工作方式，加强了决策支持和风险管理。会计专业人员和相关领域的从业者需要不断学习和适应新技术，以充分利用大数据的潜力，推动行业的进步和发展。

（三）财务工作的发展趋势

信息的沟通与传递是否顺畅和快捷是企业在经营活动中信息是否全面的重要因素。互联网的发展及新型技术和理念的建立，促使会计信息化向会计信息共享化发展，信息共享服务将为企业的发展起到不可替代的积极作用。

当今社会，已经有很多企业开始运用共享服务，利用互联网的优势为企业提高了效率、准确性和有效性，为企业吸引更多新的客户及更多的业务提供了基础。

随着云计算、大数据等信息技术手段出现，在移动互联网的背景下信息共享服务将上升到新的高度。随着财务云、在线会计服务在云会计的基础上建立起来，人们的工作方式也将发生重大的变革，利用互联网无时间、无空间限制的特点，企业的管理人员和各个信息使用者们将可以随时随地进入信息系统，这种新型的信息共享服务对数据的收集和处理更加高效，对人员的配置更加合理，在工作流程上也越来越标准化，同时低成本、高效率、高安全性也将是未来新一代财务信息共享服务的重要特征。

二、现代信息技术对现代会计教学的影响

随着社会经济的发展和信息技术的不断进步，现代信息技术环境下的会计教学也迎来了更多的机遇与挑战。我们要做的是改善信息技术环境，使其能够进一步地完善和提升，促进会计教学模式在良好环境中有效地开展，积极探索教学模式，在发展中为会计教学提供可借鉴的经验和新的启示。改善信息技术环境首先需要了解的就是现代信息技术对现代会计教学的影响。

（一）信息技术对会计培养目标与课程设置的影响

作为一项跨世纪的高等教育，会计教育必须面向新世纪，加快改革步伐，加强信息技术教育，构建适应信息时代的大学会计教育中的信息技术教育框架。因此，为适应信息社会的发展及其对会计人才的需要，必须改革课程设置、更新教学内容，注重培养学生运用信息技术的能力。

1. 信息技术对会计教育培养目标的影响

信息技术的迅速发展对会计教育培养目标产生了深远的影响。传统的会计教

育培养目标主要集中在学生掌握会计学科的基本理论知识、技能和职业操守方面，强调了会计专业的核心知识和职业道德。然而，随着信息技术的广泛应用和数字化转型的推进，会计教育的培养目标也需要相应地调整和扩展，以适应现代社会和职业环境的需求。

首先，信息技术对会计教育培养目标的影响体现在学生需要具备更强的信息技术应用能力。现代会计工作已经离不开信息技术的支持，包括会计软件的操作、数据分析工具的使用、云计算和大数据技术的应用等。因此，会计教育需要培养学生熟练运用信息技术的能力，使他们能够在职业生涯中有效地处理和分析大量的数字、数据，提高工作效率和准确性。

其次，信息技术对会计教育培养目标的影响还表现在学生需要具备跨学科的综合能力。信息技术的融合使会计与其他领域如数据科学、信息系统管理等产生了更多的交叉点。会计从业人员需要具备跨学科的知识和技能，以更好地理解和应用信息技术在会计领域的应用。这意味着会计教育需要加强培养学生的综合思维能力、问题解决能力和团队协作能力，以适应复杂的工作环境和多领域的合作需求。

最后，信息技术的影响还在于会计教育的培养目标需要更加强调学生的创新能力和变革意识。随着技术的不断进步和业务模式的演变，会计领域也在不断变化。会计从业人员需要具备适应变化的能力，积极参与业务流程改进和创新，以适应新兴技术和市场趋势的变化。因此，会计教育应该培养学生的创新思维、变革意识和实践能力，使他们能够在不断变化的职业环境中取得成功。

总的来说，信息技术的快速发展已经改变了会计教育培养目标的面貌，使其更加注重信息技术应用能力、跨学科综合能力和创新能力的培养。会计教育需要不断调整和更新教学内容和方法，以确保学生毕业后能够拥有现代会计职业所需的各项技能和素质来胜任这份工作。

2. 信息技术对会计课程设置的影响

信息技术的迅速发展对会计课程设置产生了深刻的影响，推动了课程调整和更新的进程，以适应现代会计领域的需求和挑战。

首先，信息技术的发展使得会计课程需要加强数字化内容的融入。传统的会计课程主要侧重于会计原理、财务报表等基础理论和实践，但随着信息技术的广泛应用，现代会计工作已经越来越数字化和技术化。因此，会计教学需要包括数字化会计工具和软件的使用、数据分析技能、信息系统管理等方面的内容，以培养学生在数字时代背景下的会计实践能力。

其次，信息技术的发展促使会计课程更加注重数据分析能力和决策支持能力。大数据技术的崛起使企业能够收集和处理大量的数据，会计从业人员需要具备分析这些数据并为管理层提供决策支持的能力。因此，会计教学需要强化培养学生的数据分析技能，使他们能够利用数据为企业提供战略性建议。

再次，信息技术的发展还促使会计课程更加关注信息安全和数据隐私保护。随着数字化信息的传播，信息安全已经成为企业面临的重要挑战之一。会计从业人员需要了解信息安全的原则和方法，以保护财务数据的安全性和隐私性。因此，会计课程需要涵盖信息安全管理和数据隐私保护等内容，培养学生合法、合规处理财务信息时的意识。

最后，信息技术的发展也鼓励会计课程更加注重跨学科的融合。信息技术与其他领域，如数据科学、信息系统管理、商业智能等有密切关联，会计从业人员需要具备跨学科的知识和技能，以更好地理解和应用信息技术在会计领域的应用。因此，会计课程需要与其他相关领域的课程进行整合，促进学生跨学科思维和综合能力的提升。

总之，信息技术的影响使会计课程设置需要更加贴近现实和应对未来的需求，包括数字化内容的加强、数据分析和决策支持能力的培养、信息安全和数据隐私保护的关注，以及跨学科知识的整合，以培养具备综合能力和适应现代会计领域要求的会计专业人才。这样的课程设置将有助于学生更好地适应以信息技术为驱动的会计环境。

（二）信息技术对会计教学环境的影响

现代信息技术的应用将为构建新的会计教学模式提供理想的教学环境。当前，高等教育会计教学改革的关键在于如何充分发挥学生在学习过程中的主动性、积极性、创造性，使学生真正成为学习的主体和信息加工的主体，而不是外部信息的被动接收器和知识灌输的对象；教师如何真正成为会计课堂教学的组织者、引导者、指导者、促进者，而不是知识的灌输者和课堂的主宰者。而要实现这样的教学改革目标，就离不开现代信息技术环境的支持。多媒体教学的特点为传统会计教学模式的改革提供了良好的教学环境。

1. 多媒体教学的交互性

首先，多媒体教学的交互性可以增加学生的参与度。传统的课堂教学往往是教师单向传授知识，学生被动接受。而多媒体教学通过互动性的学习方式，鼓励学生积极参与，提出问题、参与讨论等，使课堂变得更加活跃和有趣。

其次，多媒体教学的交互性有助于个性化学习。每个学生的学习速度和方式都不同，多媒体教学可以根据学生的学习进度和兴趣提供不同的教材和练习，使学生可以按照自己的需求进行学习，从而更好地满足他们的学习特点和需求。

此外，多媒体教学的交互性还有助于学生的自主学习和问题解决能力的培养。学生在多媒体教学中可以根据自己的需要选择学习内容，自主探索和解决问题，培养了他们的主动性和创造性，这对于他们未来的学习和职业发展都是非常有益的。

综合来看，多媒体教学的交互性在教育中发挥了重要作用，促进了学生的全面发展，提高了教学质量，使教育更加灵活和有趣。它为教育领域带来了革命性的变化，为培养具有创新能力和综合素质的学生提供了更好的教育机会。

2. 多媒体教学的超文本特性

多媒体教学的超文本特性为教学提供了极大的灵活性和效率。超文本的非线性结构以及多媒体元素的融合使教学信息资源的组织与管理变得更加有效和个性化，有助于提高学生的理解能力和学习体验。

首先，超文本的非线性结构符合人脑的联想思维方式，允许学生按照自己的思维路径和学习需求浏览教学内容。这种个性化的学习方式使每个学生都能够找到适合自己的学习路径，不再被固定的线性教学内容所束缚，有助于激发学生的学习兴趣和创造力。

其次，多媒体元素的融合丰富了教学内容的呈现方式。通过图像、音频、视频等多媒体形式，可以更生动地展示抽象的会计概念和过程，使学生更容易理解和记忆。例如，在教学《基础会计学》时，通过视频演示会计核算工作的全过程，展示相关的凭证和账表的实物，能够让学生更直观地理解和掌握知识。

最后，超文本的交叉性和综合性有助于促进学生跨学科思维的养成，使学生能够将不同领域的知识进行有机的组织和链接。这有助于培养学生的综合分析能力和问题解决能力，提高他们在实际工作中应对复杂情境的能力。

总之，多媒体教学的超文本特性为会计教育提供了强大的工具，有助于个性化学习、生动呈现教学内容、促进跨学科思维的养成，提高教学效率和增强学生的学习体验。这种教学方法在现代教育中具有广泛的应用前景。

3. 多媒体教学的网络性和虚拟性

多媒体教学的网络性和虚拟性有助于解决会计教育资源严重滞后于现实需要的问题，有助于培养学生的合作精神、创新精神和促进信息能力发展的研究能力。

（1）有利于教育信息资源实现共享

利用多媒体教学的网络性来实现教育信息资源的共享为会计教学带来了巨大的便利。通过建立各种教育资源库和利用虚拟化的教学环境，可以突破会计教育的时空限制从而提高教学的灵活性和效率。

首先，建立学院教师教学素材库、学生在线学习资料库和电子作业系统等教育资源库，有助于集中和管理学院内部的教育资源。这些资源可以包括课件、教材、案例分析、习题和实验软件等。通过将这些资源放在学院的会计教育网站上，学生可以随时随地访问和利用这些资源，无论是在校内还是校外，都能够获得高质量的教育资源支持。

其次，利用多媒体教学的虚拟性创立虚拟化的教学环境，如虚拟教室、虚拟实验室、虚拟校园和虚拟图书馆等，可以摆脱时空的限制。这意味着教学可以以在线的方式进行，学生不再需要按照特定的地点和时间参与教学活动。这对于时间和地点不方便参与教学活动的学生来说尤其有益，他们能够更加自由地安排学习时间和地点，这一举措提高了学习的便捷性和可及性。

总的来说，多媒体教学的网络性和虚拟性为会计教育提供了更广泛的教育资源和更灵活的学习方式。通过有效地管理和利用这些资源，会计教育可以更好地适应学生的需求，提高教学质量，促进知识的传递和学术交流。这种教育模式的发展趋势将继续推动会计教育的创新和进步。

（2）有助于培养学生的合作精神

利用多媒体教学的网络性来实现协作式学习在会计教育中具有重要的意义。协作式学习是一种教学方法，强调学生之间的合作与互动，有助于促进学生的合作精神、批判性思维和高级认知能力的发展。

在计算机网络环境下，协作式学习可以以多种形式呈现，如讨论、辩论、协同和角色扮演等。举例来说，在会计教育中，教师可以指导学生就某一会计热点问题进行主题研究。学生可以借助网络平台，共享各自的研究成果、观点和资料，进行在线讨论。这样的教学模式不仅能够激发学生的学习兴趣，还能够促进他们在团队合作中培养批判性思维和解决问题的能力。

通过网络共享资料、观点和研究成果，学生可以深化自己的研究，从不同角度和观点审视问题，最终完成研究论文或项目。这种协作式学习模式有助于提高学生的学术交流能力、独立思考能力和团队协作能力，培养他们成为具备高级认知能力的会计专业人才。

总的来说，利用多媒体教学的网络性来实现协作式学习是一种现代化的教育方法，可以有效地促进学生的学术能力和认知能力的发展，增强他们在会计领域的综合素养和实践能力。这有助于培养更具竞争力的会计专业人才，适应快速发展的会计领域的需求。

（3）有利于培养创新精神和促进信息能力发展的研究能力

利用多媒体教学的网络性，有利于实现培养学生创新精神和促进信息能力发展的研究性学习。创新能力和信息化会计能力是21世纪高素质会计从业人员需要具备的两种重要能力。互联网作为世界上最大的、拥有丰富信息资源的知识库、资源库，是按照符合人类联想思维特点的超文本结构组织起来的，因而特别适合学生进行自主发现与探究学习。学生在互联网的知识海洋中可以进行自由探索，对获取的大量会计信息进行分析、评价、优选和进一步加工。

综上所述，将现代信息技术与会计教育教学进行有机结合，将大幅优化教学过程，充分发挥学生的学习主动性、积极性、创造性，为学生合作精神、创新能力、信息素养的培养创造最理想的教学环境，而这样的教学环境正是创新会计教学模式不可缺少的。

第二节　大数据时代的会计教学改革路径

一、创新教学理念，丰富教学内容

教学创新的根本在于教学理念的创新，特别是会计专业教育领域。会计教师应积极培养创新意识，摒弃传统教学方式的弊端，改变以教材为中心和以教师为主体的教学模式，转而追求更具创新性的教学方法。以下是一些关键的教学创新要点。

①学生主体性。教师应鼓励学生积极参与教学过程，培养他们的独立思考能力和问题解决能力。教学可以采用案例教学、小组讨论、项目研究等方式，让学生在实际问题中应用会计知识，提高他们的实际操作能力。

②现代教育工具。充分利用现代教育技术和多媒体资源，如在线课程、虚拟实验室、教育游戏等，以提供更丰富的学习体验。这些工具可以激发学生的兴趣，提高他们的参与度。

③跨学科教学。会计专业教育应与其他相关领域融合，开设跨学科课程，如数据分析、信息技术、商业管理等，以提供更全面的知识体验。这有助于培养学生的综合素养和跨学科思维能力。

④实践教学。为了培养学生的实际操作能力，可以设置实习和实践环节，让学生在真实的工作环境中应用所学知识。这种实习和实践经验对于学生未来就业和职业发展非常重要。

⑤学习资源共享。建立学院内的教学资源库，包括教材、案例、课件等，以供教师和学生使用。同时，通过在线平台和社交媒体等方式，促进教师和学生之间的互动和知识分享。

总之，教学创新需要从教师、学生、教育资源和教学环境等多个方面入手，以满足现代社会和职场对会计专业人才的需求。只有不断探索和创新教学方法，才能培养出更具创新力和竞争力的会计专业人才。

二、完善会计教育的云数据平台

从目前高等院校会计专业教育的发展趋势来看，建立云会计平台是发展的必然。利用云平台开发会计教育网络的应用程序，与云计算系统进行互联，可以实现教学资源的共享。云数据平台主要由会计数据系统、会计模拟系统、移动终端系统与会计教学系统等几方面组成。会计数据系统中的数据来自会计教学过程中所产生的信息，也包括来自企业中的共享数据信息。在确保商业数据安全的前提下，将相关数据信息共享到教学数据库中，通过对数据信息的分析，发挥数据信息的作用。会计模拟系统中储存了很多有效数据信息，能够让学生在模拟的会计情景中进行实际操作的练习，提高学生的实践操作能力，为学生日后就业打下基础。移动终端系统可以让学生通过手机、平板电脑等移动设备，随时随地利用碎片化的时间登陆云平台进行学习。会计教学系统则由很多模块组成，教师在会计课程教学中，可以利用数据库中数字化会计教学资源了解学生对会计知识的理解与掌握情况，进而调整会计教学模式，整合会计教学资源。

三、优化教学目标，改革教学模式

大数据时代的来临对会计教育提出了新的要求，必须优化会计教学目标并改革教学模式以适应这一时代的需求。

首先，会计教学目标需要更加强调学生的数据分析和信息处理能力。传统的会计教育注重会计原理和规范，但在大数据时代，学生需要具备处理大量数据、进行数据挖掘和分析的能力，以更好地为企业的决策提供支持。因此，会计教学目标应明确培养学生的数据分析技能和信息管理能力，使他们能够在复杂的数据环境中也能够胜任工作。

其次，会计教学模式需要更加注重实践和应用。大数据时代强调实时性和实践性，因此会计教育应该更加注重实际案例分析、实验和实践课程的设置。学生需要通过真实的数据和情景来学习会计知识，从而更好地理解和运用所学的内容。教学模式可以采用案例教学、项目式学习和模拟实验等方法，使学生能够在实际操作中掌握会计技能。

最后，会计教育还需要更加强调跨学科的融合。大数据时代涉及多个领域的知识，包括数据科学、信息技术、统计学等，因此会计教育应该与这些领域进行融合，培养学生的综合素养。教学内容可以包括数据分析方法、信息技术工具的使用等，以便学生能够更好地理解和应用这些知识。

总之，大数据时代要求会计教育更加注重数据分析和实践应用，强调跨学科融合，以培养具备综合素养的会计专业人才。优化会计教学目标和改革教学模式是适应这一时代需求的必然选择，也是提高会计教育质量和培养高素质会计人才的关键举措。

四、构建理实一体化教学模式，建设双师型师资队伍

大数据时代的会计教学改革要求构建理实一体化的教学模式，这一模式旨在将理论学习与实际应用相结合，以更好地培养适应大数据环境的会计专业人才。

理论学习需要更加贴近实际，教材内容应当紧密联系大数据应用领域。教师要将抽象的理论知识与实际案例相结合，引导学生理解理论的实际应用，帮助学生形成正确的概念，掌握正确的操作技能。此外，实际应用环节也需要加强。学生应该参与到真实的数据分析和会计实践中，如参与企业的大数据分析项目、财务决策支持等。通过将理论和实践相结合的环节，学生能够更好地掌握知识和技能，提高职业素养。

建设双师型师资队伍是构建理实一体化教学模式的关键。双师型师资队伍包括理论教师和实践导师。理论教师需要具备扎实的会计理论知识和大数据领域的专业知识，能够将理论知识传授给学生，并引导他们理解知识的实际应用。实践导师则需要具备丰富的实际工作经验，能够指导学生参与实际项目和案例分析，帮助他们将理论知识应用到实际工作中。双师型师资队伍之间需要密切合作，共同推动理论与实践的融合，为学生提供全面的教育。此外，双师型师资队伍也需要不断更新自己的知识和技能，跟随大数据时代的发展，保持教育教学的先进性。教师可以参与相关的培训和研讨会，积极学习新的知识和教育技术，以确保自身的教育水平和教学质量不掉队。

总之，构建理实一体化的教学模式和建设双师型师资队伍是大数据时代会计教学改革的关键举措，有助于培养适应大数据环境的会计专业人才，提高教育质

量，增强教学效果。这一模式的实施将有助于学生更好地掌握理论知识和实际应用能力，提高其在职业领域的竞争力。

五、构建良好学习环境，创造更多实践机会

在大数据时代的会计教学改革中，构建良好的学习环境以及创造更多的实践机会是非常关键的。

首先，要构建一个与大数据相关的学习环境，包括现代化的教室设施和先进的教育技术。教室应当配备高性能计算机、大屏幕显示器、互动式白板等设备，以便教师能够利用大数据工具和软件进行教学演示和实践操作。同时，学生也应该有充分的机会使用这些设备，进行数据分析和会计模拟实验，以提高他们的实际操作能力。

其次，要鼓励学生积极参与实际项目和实践活动。学校可以与企业合作，提供实习和实践机会，让学生在真实的会计环境中应用所学知识。此外，学校还可以组织会计竞赛、案例分析比赛等活动，让学生能够在竞争中提高自己的综合能力。这些实践机会不仅可以加强学生的实际操作能力，还可以培养他们的团队合作能力和问题解决能力。

再次，学校可以建立一个开放的学习平台，提供丰富的学习资源和教育工具。学生可以通过网络课程、在线教材、学术论坛等方式获取知识和信息，随时随地进行学习和讨论。这种开放的学习平台可以让学生更加自主地学习，根据自己的兴趣和需求选择学习内容，提高学习的灵活性和效率。

最后，要重视团队合作和跨学科交叉学习。在大数据时代，会计学科不再孤立，而需要与数据科学、信息技术、商业管理等学科相互融合。因此，学校应该鼓励学生参与跨学科的项目和研究，培养他们的综合素养和创新能力。同时，学校也应该鼓励学生之间进行团队合作，让他们共同解决实际问题，提高团队协作能力和沟通能力。

总之，构建良好的学习环境和创造更多的实践机会是大数据时代会计教学改革的关键，有助于培养具备实际操作能力和综合素养的会计专业人才，提高教育质量和学生的竞争力。这些举措将有助于学生更好地应对大数据时代的挑战，为未来的职业生涯做好充分准备。

第三节　翻转课堂、微课、慕课在会计教学中的应用

一、翻转课堂在会计教学中的应用

（一）翻转课堂定义以及将其引入会计教学中的意义

1. 翻转课堂定义

翻转课堂，顾名思义，指的是重新调整课堂内外的时间，将学习的主动权从教师转移到学生身上，因此又被称为"颠倒课堂"。会计教学中运用翻转课堂，指的是教师在课前提供一定的教学资源，辅助学生自行完成会计基础知识的学习，在课堂上提供一定的帮助，通过教师的引导和答疑来检查学生学习的效果，使学生已经提前学习到的知识能够得到强化；课后再安排相关的学习任务，使学生学到的知识得到进一步巩固的一系列过程。

2. 将翻转课堂引入会计教学中的意义

将翻转课堂引入会计教学中具有如下意义。

首先，它有助于改变学习方法，让学生更加主动和自主。传统的教学模式中，教师通常是知识的传授者，而学生则是被动接受知识的对象。这种模式容易导致学生对枯燥的会计理论知识产生厌倦和抵触情绪。然而，翻转课堂可以让学生在自己的学习时间内独立学习，根据自己的学习习惯和需求选择学习方式，从而更加积极和主动地参与学习。在课堂上，他们可以与教师和同学进行深入的讨论和交流，夯实之前自主学习的知识，这种学习方式更加轻松和愉快，有助于培养学生的自主学习能力。

其次，翻转课堂提高了教师的教学能力。在翻转课堂中，教师需要提供学习资源和指导，因此需要更加深入地理解会计教学内容和目标，并设计更加丰富和有趣的教学材料。这要求教师具备更优秀的教学设计技能和教学方法，能够更好地把握教学环节和方式，提升教学效果。有趣和引人入胜的课堂内容可以提高学生的参与度和积极性，从而增强了教师的教学满意度和成就感。

最后，翻转课堂有助于建立更加融洽和谐的师生关系。在传统教学模式下，师生交往困难，关系单一、疏远，教师是知识的权威，学生是被动的接受者。然而，在翻转课堂中，教师不再是课堂的领导者，而是为学生提供有针对性的帮助的指导者，与学生更加平等地合作。这种互动关系拉近了教师和学生之间的距离，建立了更加融洽和谐的师生关系，有利于促进学生更积极地参与学习。

总之，将翻转课堂引入会计教学中，有助于改变学习方式，提高教师的教学能力，促进师生关系更加融洽和谐，对于提升学生的学习体验和提高教育质量都具有重要意义。

（二）翻转课堂在会计教学中的应用设计总思路

1. 设计理念

翻转课堂在会计教学中的应用设计理念是基于提供更加灵活、互动更强和学习程度更深的学习体验，以满足教育目标和现代学生的学习需求。

（1）学习资源的个性化提供

教师应该为学生提供多样化的学习资源，包括教材、教学视频、在线模拟题和案例研究等，以满足不同学生的学习需求。学生可以根据自己的学习节奏和学习方式选择合适的学习资源，从而实现个性化学习。

（2）课前自主学习

在课堂之前，学生应该自主学习相关的课程内容。这可以通过提供在线教材、学习指南和视频讲座来实现。学生应在合适自己的时间和地点进行学习，准备好与教师和同学讨论的素材与内容。

（3）课堂时间的互动和合作

课堂时间应该用于互动和合作学习。教师可以设计问题和任务，要求学生在课堂上进行讨论和合作，分享他们的理解和观点。这种互动可以帮助学生更好地理解和应用课程内容。

（4）教师的角色转变

教师的角色不再是传统的知识传授者，而是学生学习的引导者和发展的促进者。教师应该引导学生积极思考、提出问题和解决问题，鼓励积极参与学习过程，并提供必要的支持和反馈。

（5）利用技术工具

翻转课堂需要使用技术工具来支持学生的自主学习和课堂互动。这包括在线学习平台、视频会议工具、在线讨论论坛等。教师应该熟练使用这些工具，以便有效地管理和支持学生的学习。

总之，翻转课堂在会计教学中的应用设计理念是将学生置于学习的中心，提供个性化的学习体验，通过课前自主学习和课堂互动合作来促进深度学习。教师需要做的是引导和支持学生的学习，利用技术工具来实现这一目标。这种设计理念有助于提高会计教学的效果和学生的学习体验。

2. 教学流程设计

在会计教学中应用翻转课堂的教学流程设计如下：(1)教师为每个课程模块创建在线教学资源，包括教学视频、课程材料和在线测验；(2)学生在课前通过学习管理系统访问这些资源，自主学习相关概念和技能；(3)在课堂上，教师引入当天的主题，提出问题或情境，鼓励学生参与讨论和互动；(4)学生分成小组，共同讨论会计案例、分析财务报表或解决其他课程相关问题；(5)教师在课堂上充当指导者的角色，提供实时反馈和支持；(6)课后学生继续学习并完成课后作业，教师评估他们的学习成果。这一教学流程强调了学生的主动学习和课堂互动，有助于深化对会计概念的理解和应用能力的培养。

3. 课前活动设计

翻转课堂在会计教学中的课前活动设计包括以下三个环节。首先，教师需要准备教学资源，这包括制作教学视频、整理课程材料和准备在线测验。教学资源的准备要充分考虑学生的学习需求和课程目标，确保内容准确、清晰，并能够激发学生的兴趣。其次，教师需要设计任务单，任务单包括学习任务、学习目标和疑难问题。学习任务要明确指导学生在自主学习阶段应该完成的任务，学习目标要明确表达预期的学习成果，疑难问题则是学生在学习过程中遇到的困惑和疑问，需要教师在课堂上解答。最后，学生需要积极参与课前的学习活动，他们需要观看教学视频、阅读课程材料，并完成任务单中的任务。通过课前的学习活动，学生可以预习课程内容，提前了解相关知识，为课堂上的讨论和互动做好准备。

这些任务的设计有助于实现翻转课堂的教学目标，其中教学资源的准备确保了学生可以在课前获得必要的学习材料，学习任务和目标的明确性有助于学生集中精力完成任务，疑难问题的设置则为课堂上的深入讨论提供了话题。通过这些课前活动，学生可以更好地准备课堂学习，提高了课堂上的参与度，有助于促进学生知识的吸收内化过程。同时，教师也可以根据学生在课前活动中的表现调整课堂教学内容，更好地满足学生的学习需求。因此，课前活动设计是翻转课堂成功实施的关键之一。

4. 课堂活动设计

在会计教学中，翻转课堂的课堂活动设计可以充分发挥学生的主体性，培养他们的批判性思维和问题解决能力。在翻转课堂中，课堂活动的设计应该以互动和合作为核心。

首先，教师可以安排小组讨论，让学生在课堂上分享他们在自主学习阶段的理解和发现。这有助于学生互相交流，解答疑惑，并从不同的角度思考问题。教师可以提出一些开放性问题，引导学生展开讨论，让他们深入思考会计原理和应用的实际情况。

其次，课堂活动可以包括案例分析和问题解决。教师可以提供真实的会计案例，要求学生在课堂上分析和解决这些案例。这种活动可以帮助学生将理论知识应用到实际情境中，培养他们的问题识别和解决能力。学生可以分组合作，共同分析案例，讨论解决方案，并在课堂上展示他们的思考过程和结论。

再次，课堂活动可以包括角色扮演和模拟场景。教师可以设计不同的角色和情境，要求学生扮演不同的角色，参与模拟会计实际工作的过程。这种活动可以帮助学生更好地理解会计职业的要求和挑战，培养他们的团队合作能力和沟通协调能力。

最后，课堂活动还可以包括实验和数据分析。教师可以引导学生使用会计软件或大数据工具来分析财务数据，进行实验和模拟，以便使学生更好地理解财务报表和会计原理。学生可以在课堂上展示他们的数据分析结果，并与同学分享他们的发现和见解。

总之，翻转课堂在会计教学中的课堂活动设计应该注重互动、合作和实际应用，通过多种形式的活动帮助学生深入理解会计知识，提高他们的学习兴趣和能力。这种教学模式可以激发学生的积极性，培养他们的批判性思维和实际问题解决能力，从而更好地为未来的职业发展做好准备。

5. 课后活动设计

在翻转课堂的会计教学中，课后活动的设计可以帮助学生巩固和应用他们在课堂上学到的知识，提高学习效果。课后活动的设计应该旨在激发学生的自主学习兴趣，培养他们的批判性思维和问题解决能力。

首先，教师可以提供额外的阅读材料和学习资源，以帮助学生深入学习相关的会计理论和实践。这些资源可以包括学术文章、案例分析、在线课程和相关视频。学生可以根据自己的兴趣和需求选择合适的材料进行学习。

其次，课后活动可以包括自主练习和问题解答。教师可以设计一系列的练习题，要求学生在课后完成，并提供详细的答案和解释。这些练习题可以涵盖课堂上学习的知识点，帮助学生巩固和应用所学内容。此外，教师可以鼓励学生在课后思考和回答一些开放性问题，以促进他们的批判性思维和创造性思维的培养。

再次，课后活动还可以包括小组讨论和合作项目。教师可以将学生分成小组，要求他们共同探讨和解决与会计相关的问题或案例。这种合作性的学习可以促进学生之间的互动和交流，帮助他们从不同的角度思考问题，并培养团队合作能力和沟通能力。学生可以在小组中共同制定解决方案，并在课后向全班呈现他们的成果。

最后，课后活动还可以包括实际实践和应用项目。教师可以引导学生参与实际的会计实践，如财务报表分析、会计软件应用或实地考察企业等。这种实际应用的学习可以帮助学生将理论知识应用到实际情境中，培养他们的问题解决能力和决策能力。学生可以在课后完成实践项目，并向教师汇报他们的发现和经验。

总之，翻转课堂在会计教学中的课后活动设计应该注重学生的自主学习和实际应用，通过多样化的活动帮助他们巩固和应用所学知识，培养批判性思维和问题解决能力。这种教学模式可以激发学生的学习兴趣，提高他们的学术水平，并为他们未来的职业发展做好准备。

（三）翻转课堂实施要点及保障条件

1. 翻转课堂实施要点

将翻转课堂引入会计教学过程中，在具体的落实环节需要关注以下几大要点。

第一，确保学生在自主学习阶段具备足够的自觉性和自主学习能力。教师需要提供清晰的学习指导，鼓励学生在自主学习阶段充分参与，并确保他们能够完整地观看教学视频，理解所学内容。为此，可以提供学习计划、任务清单和学习资源，引导学生有目标地进行学习。

第二，教学资源的设计要具备趣味性和吸引力，以吸引学生的注意力。教师可以运用多媒体、图像、实例等多样化的教学资源，使学习过程更加生动有趣。此外，教师可以在教学资源中融入案例分析、实际应用场景等实际情境，让学生能够将所学知识与实际情境相结合，增加学习的趣味性和实用性。

第三，课堂活动的设计应具备目的性和趣味性，确保学生在课堂上积极参与。课堂活动可以包括小组讨论、案例分析、问题解答等，以锻炼学生的思维深度和合作能力。同时，教师应设定明确的学习目标，引导学生集中注意力，确保课堂活动达到预期效果。

第四，在翻转课堂中，学生会以小组形式进行讨论和合作，因此需要加强对课堂纪律的管理，确保学生的各项活动有序进行。教师可以制定课堂规则，监督和引导学生的活动，确保课堂秩序良好。

第五，建立有效的反馈机制。教师应及时评估学生在翻转课堂模式下的学习表现，提供针对性的反馈和建议，以帮助他们不断改进和进步。教师可以采用在线问卷调查、小组讨论总结、个人反思等方式收集学生反馈。同时，教师也要提供具体的成绩和评价，以调动学生学习的积极性、促进学生的个性发展。

总之，将翻转课堂引入会计教学需要关注学生自主学习能力、教学资源的趣味性、课堂活动的目的性和趣味性、课堂纪律的维护以及建立有效的反馈机制。通过综合考虑这些要点，可以有效提高会计教学的质量和效果，激发学生的学习兴趣和积极性。

2. 落实翻转课堂的保障条件

确保翻转课堂教学模式的正常实施需要满足多个条件，包括以下几个方面。

第一，了解学生的特点和需求，以便根据他们的个性化特色设计教学环节。学生在专业知识上存在盲目性，但他们通常具备较强的接受新技术的能力。因此，在设计翻转课堂教学模式时，需要考虑学生的特点，确保教学方法符合他们的兴趣和学习方式。

第二，学校需要投资和完善信息技术和网络设备。因为翻转课堂的实施依赖于网络技术和信息技术的支持。学校应确保学生能够轻松访问在线教学资源，并提供适当的技术支持，以推动教学流程顺利进行。

第三，会计专业的教材需要不断优化和调整，以适应社会的发展和专业的变化。翻转课堂注重培养学生的实际操作能力，因此教材内容需要与实际工作要求保持一致，并不断更新，以反映最新的行业趋势和技术发展。

第四，教师需要不断提升自己的专业水平，以适应翻转课堂和信息化时代的要求。教师需要具备教学技巧、丰富的教学经验，以及维护课堂纪律和管理学生活动的能力。此外，教师也应积极参与教育培训，以提高自身素质，适应新时代需要。

第五，为教师提供精神激励或物质奖励。翻转课堂对教师来说是一项挑战和突破，因此需要给予他们适当的奖励和认可，以激励他们积极地采用翻转课堂教学模式。这可以包括提供额外的培训、奖金或其他激励措施，以鼓励教师投入更多时间和精力来实施翻转课堂教学。

总之，要成功实施翻转课堂教学模式，需要充分了解学生特点，提供必要的技术支持，不断优化教材，培养教师的能力，以及为教师提供适当的激励和奖励。这些条件的满足将有助于提高翻转课堂在会计教学中的应用效果和质量。

二、微课在会计教学中的应用

（一）微课特点

与传统教学方式相比，微课具有如下特点。

①时间短。微课一般集中对某一个具体问题或知识理论展开有针对性的描述，时间通常控制在10分钟内。从时长的角度出发，微课和网络课堂二者之间存在着较大的差异，微课时间短，网课时间长。

②交互性强。微课的制作过程并不完全是由教师一人负责的，还有企业人员或者学生的参与。

③多元化的表现形式。微课的表现形式不仅包括短视频，还包括电子课件、电子教案等。它不仅可以对传统教学理论知识点的精练和讲解，还可以对教学内

④短而精。这里的短而精主要是针对教学内容而言的。虽然微课的授课时间较短，教师难以在短时间内阐述过多的知识内容，但是在短时间内能够将知识点进行较为深入的讲解，加深学生对知识的理解。在充分认识到微课的特点后，教师才能够更新教学思维，借助微课提升会计教学质量，培养出符合现代社会需要的综合性会计人才。

（二）微课的分类

微课是一个总体的类型称谓，其有不同的展现形式，适用于不同的会计教学内容。

1. PPT 型

PPT 型是当前阶段会计教师较为青睐的展示方式之一，其制作较简单，展示直观，可以是图片、文字，也可以配上动画、视频、音乐等，适合绝大多数的会计课程内容，如知识点之间的区别、具体的操作步骤或者是概念类的内容，都可以借助 PPT 型的微课来展示。在制作 PPT 的过程中，要想最终呈现出的视觉效果是协调的、具有美感的，必须尽量压缩文字部分，多用图片展示内容，可以插入动画、视频、音频等。PPT 制作完成之后，要将其转化为可播放的视频文件，以便学生观看。

2. 拍摄型

拍摄型的微课更加适用于操作类型的知识展示。与 PPT 相比，拍摄型微课对拍摄人员的要求较高，而且需要一定的时间和精力进行后期制作。受到客观因素的影响，部分教师会采用手机进行拍摄，总体视觉效果稍差，但是依然可以发挥拍摄型微课的作用。对于高等院校的会计教学而言，拍摄型的微课更加符合操作类知识的展示需要。例如，会计账簿种类、凭证装订、原始凭证种类、原始凭证整理、记账凭证种类、资产负债表的编制、结账等知识借助拍摄型的微课记录操作过程会更加直观。

3. 动画型

动画型的微课制作过程较为复杂，但是最受学生欢迎，它要求教师有一定的 Flash 制作基础。会计处理程序、资金运动等内容借助动画型的微课，能够在形象生动的展示中突出重难点。

4. 录屏型

录屏型的微课较为专业，主要借助电脑软件进行课程的录制，后期需要一定的剪辑。对于需要更多电脑操作的会计课程，可以用录屏的方式进行课件展示，教师的讲解声音还可以通过外接麦克风收录其中。例如，报表编制、资金运动以及会计处理程序等都可以进行录屏展示。

以上是目前使用较多的四种微课展示形式，它们有着各自的优缺点，教师可以根据实际的教学需要单独使用或者搭配使用，但是无论采用何种微课类型，都要求选题明了、控制时长、突出重难点、录制的语音清晰、展示到位，以免造成学生观看上的困扰。

（三）将微课引入会计教学中的意义

1. 有利于演示教学和情景教学相结合

将微课引入会计教学中，具有利于演示教学和情景教学的结合的重要意义。微课是一种短小精悍的教学资源，通常视频时长在5~15分钟之间，它将复杂的会计概念和实际案例进行了精炼和概括，为学生提供了直观的学习体验。

首先，微课可以用于演示教学，将抽象的会计概念具体化。通过微课，教师可以展示实际财务报表、交易记录以及会计软件的操作，让学生直观地了解会计实践工作中的细节和流程。这种视觉化和实际操作的方式有助于学生更容易理解和记忆复杂的会计知识。

其次，微课可以结合情景教学，模拟真实的会计工作场景。教师可以设计微课内容，包括财务案例分析、税务申报、成本核算等实际情境，让学生在微课中参与解决问题的过程。通过情景教学，学生能够将理论知识应用到实际工作中，培养解决问题和分析决策的能力。

再次，微课还可以提供学习的自主性和灵活性。学生可以根据自己的学习进度和兴趣，随时随地观看微课，不受时间和地点的限制。这种自主学习的方式有助于激发学生的学习积极性、提高自主学习能力。

最后，微课可以与其他教学资源结合，例如在线讨论、小组作业和实践项目。通过将微课作为教学的一部分，教师可以更好地引导学生参与课堂互动和合作，从而提升学习效果。

综上所述，将微课引入会计教学，将演示教学和情景教学相结合，有助于提供直观的学习体验，培养学生的实际操作能力和问题解决能力，同时提高了学习的自主性和灵活性，可以与其他教学资源有机结合，为学生提供更丰富和高效的学习体验。这种教学模式有望提高会计教育的质量和实用性，使学生更好地适应会计职业的要求。

2. 有利于调动学生积极性，实现个性化教学

首先，微课短小精悍的特点适应了现代学生的学习习惯。在信息时代，学生更倾向于短时间内获取信息，微课的短时限和紧凑内容符合他们的学习需求。这样的学习方式减轻了学生的学习压力，能够更好地调动他们的学习积极性。

其次，微课的灵活性为个性化教学提供了可能。每个学生的学习速度和风格都有所不同，传统的课堂教学往往难以满足这种个性化需求。微课可以根据学生的学习进度和需求随时随地观看，学生可以自主选择学习的时间和地点，从而更好地适应他们的个性化学习方式。

再次，微课的多样化内容可以满足不同层次和需求的学生。会计课程通常包含多个知识点和难度级别，微课可以根据不同的学生群体提供多样化的教学内容，从初级到高级，满足不同学生的学习需求。这有助于提高教育的包容性，确保每个学生都能够得到适应自身的教育资源。

最后，微课的互动性和多媒体元素可以增强学习体验。微课通常包括视频、图像、动画和测验等多种元素，这些元素可以吸引学生的注意力，使学习过程更加生动有趣。学生可以通过测验和互动活动检查他们的理解程度，从而更好地掌握知识。

综上所述，将微课引入会计教学中，不仅有助于调动学生的积极性，还为实现个性化教学提供了有力支持。这一教育模式具有灵活性、多样性和互动性的特点，能够更好地满足学生的学习需求，提高教育质量，培养更具实际应用能力的会计专业人才。这对于适应现代教育和职业市场的要求，具有重要的意义。

3. 有利于学生形成自主学习能力

教师在设计微课视频的过程中，可以设置一定的悬念或者提出需要学生思考的问题，使学生在学习过程中集中注意力，思维跟着教师的思路走。同时，在课堂教学中，教师要着重学习方法的讲解和传授，让学生形成解题思路，这样，有

利于学生形成自主学习能力。随着学生自主学习能力的不断提升，教师在教学中要设置一定的难点，提升自主学习的难度。在课堂教学中，教师要引导学生积极发言，以检测其自主学习的效果，或者提供机会，让学生以教师的身份讲解学习内容，这有利于学生加深对知识的理解。除此之外，合作学习也是微课学习模式的重要组成部分。通过合作学习，小组成员之间积极讨论，一起致力于疑难问题的解决，有利于学生充分发挥主观能动性，提升学生的沟通能力、自主学习能力。

（四）将微课引入会计教学中的具体路径

1. 将微课引入会计教学的导入环节

将微课引入会计教学的导入环节是为了吸引学生的注意力，激发他们的兴趣，让他们在开始学习会计知识之前就进入学习状态。以下是一个导入环节设计的示例。

教师可以选择一个与当天要学习的会计知识相关的真实案例或企业财务报表，并将其制作成一个微课视频。这个视频可以包含一些引人入胜的情节或问题，引发学生的思考和好奇心。例如，教师可以选择一个企业的年度财务报表，然后在视频中提出问题，如"你认为这家企业的盈利能力如何？有什么因素支撑你的看法？"或者"你能从这份报表中找到哪些关键指标来评估企业的财务健康状况？"这样的问题将激发学生的思考，引导他们在微课导入环节就开始积极参与。

此外，微课导入环节还可以包含一些视觉吸引力强的图表、图像或动画，以便更好地向学生展示相关概念和数据。这些视觉元素可以帮助学生更直观地理解复杂的会计概念，并激发他们的兴趣。

因此，微课导入环节应该具有一定的挑战性，但又不能过于复杂，以确保学生能够理解。导入环节的设计应引导学生思考，并为后续的学习奠定基础。通过这样的方式，微课导入环节可以成为学生进入会计领域的桥梁，让他们在课程开始时就充满好奇和求知欲。

2. 以微课的形式展示会计教学重难点

以微课的形式展示会计教学的重难点，可以突出教学主题，让学生更加集中注意力，更好地理解和掌握关键概念。

教学主题：资产负债表的构成与分析

①导入部分（用时1分钟）。微课开始时，教师可以用生动的例子或问题来引入资产负债表的重要性，如"你是否曾想过如何了解一家公司的健康状况？资产负债表将是你的关键工具。"

②概念介绍（用时2分钟）。在微课中，教师简要介绍资产负债表的定义和作用，强调其在会计领域的关键地位。

③构成要素（用时3分钟）。微课的重点部分将解释资产负债表的构成要素，包括资产、负债和所有者权益。通过简单的图表和动画，教师可以清晰地展示不同项目在资产负债表中的位置和关系。

④案例分析（用时4分钟）。为了突出教学重难点，微课可以选择一个实际的企业资产负债表，并逐步解释如何分析其中的各个项目。教师可以突出强调如何计算负债与所有者权益，以及它们与资产之间的关系。

⑤关键概念强调（用时1分钟）。在微课的结尾部分，教师可以对重要概念进行强调，如资产负债表的平衡原则和资产负债表的时间点快照。

⑥总结与激发思考（用时1分钟）。微课最后可以用简短的总结来强调教学主题，并提出问题或思考，以激发学生的思维和讨论。

通过这样的微课设计，教师能够将会计教学的重难点突出展示，帮助学生更好地理解和掌握关键概念，同时也能够突出教学主题，让学生集中注意力，提高学习效率。微课的形式可以使教学更生动、直观，并激发学生的兴趣。

3. 夯实知识，巩固复习

无论采用哪种教学模式，想要取得良好的教学效果，提升教学质量，巩固复习环节必不可少。微课除了可以用于课前预习、知识小结，也可用于巩固复习环节。在会计教学中，教师可以将需要巩固复习的知识点以思维导图的方式串联起来，并借助微课这一渠道展现给学生，使学生形成知识框架，巩固所学知识。另外，在课后巩固环节，微课也发挥了很大的作用。教师可以将一些需要重点复习的知识制成微课视频，发给学生或发布在相应的平台上，让学生随时随地通过手机、平板等移动设备进行学习，巩固课堂所学知识。这样就完全实现了学生自主学习的要求，培养了学生自主学习的能力。

（五）将微课引入会计教学中的注意事项

1. 明确教学目标

将微课引入会计教学中的关键之一是要明确教学目标，确保教学过程有针对性，达到预期的教育效果。在设计微课时，教师需要充分考虑以下几个方面的教学目标。

（1）知识点的理解与掌握

教学目标应包括学生对特定会计知识点的理解和掌握程度，如会计原理、财务报表分析、会计准则等方面的知识。明确的知识目标有助于确保微课内容的准确性和相关性，以满足学生的学习需求。

（2）会计技能的训练与应用

除了理论知识，教学目标还应包括会计技能的训练和实际应用，如财务报表的编制、财务分析方法的运用、会计软件的使用等。通过微课，学生应能够获得实际操作的能力，以应对未来的会计工作挑战。

（3）分析与决策能力的提升

会计教学还应注重培养学生的分析与决策能力。教学目标可以包括让学生能够分析财务数据，提出合理的建议和决策，以支持企业的经营管理。这种能力对于会计专业毕业生非常重要，因为他们通常需要在实际工作中为企业提供财务建议。

（4）沟通与团队协作技能的培养

现代会计工作要求学生具备良好的沟通和团队协作技能。因此，教学目标还可以包括培养学生的书面和口头沟通能力，以及在团队中合作的能力。教师应该为学生提供展示和练习这些技能的机会。

（5）职业素养和道德意识的强化

教学目标还应包括培养学生的职业素养和道德意识。学生应该了解会计领域的职业道德准则，并在实际工作中表现出高度的职业道德。微课可以通过案例研究和伦理讨论来强化这些方面的教学目标。

总之，引入微课时，明确的教学目标是确保教育过程有效的关键。这些目标应该与会计专业的特点和实际需求相一致，帮助学生在知识、技能、思维能力和职业素养等方面全面发展，使学生更好地适应未来的会计职业。

2. 尊重学生的意见和建议，加强互动

（1）倾听学生的声音

教师应鼓励学生提出问题、观点和建议，并积极倾听他们的声音。这可以通过在线讨论论坛、电子邮件、在线问答等方式进行。学生的反馈和问题有助于教师更好地了解他们的需求和困惑，进而调整微课内容和教学方法。

（2）建立互动性的学习环境

微课可以通过在线平台提供多种互动工具，如在线投票、即时聊天等，以激发学生的参与兴趣，提高他们的互动程度。教师可以设计问题和任务，引导学生在微课内容上展开互动式学习，分享观点和经验。

（3）个性化学习和反馈

利用在线学习平台的个性化功能，教师可以根据学生的学习进度和需求提供个性化的学习资源和反馈。这有助于满足不同学生的学习需求，并鼓励他们更积极地参与微课学习。

（4）定期评估和改进

教师应定期收集学生的反馈和评估数据，以评估微课的效果，并根据反馈进行改进。这可以包括课程评估、学生问卷调查、在线测验等方式，以确保微课始终保持高质量的水准。

总之，尊重学生的意见和建议，以及加强互动，是将微课引入会计教学中的关键因素之一。通过积极的互动和反馈机制，可以提高学生的学习体验，促进知识的深入理解和应用，从而实现更有效的教育效果。

3. 教师要与时俱进，掌握高新技术

将微课引入会计教学中，对教师提出了更高的要求。课前，教师要自行录制视频；课中，教师要通过微课视频向学生传递学习内容；课后，教师要通过录制视频的方式，总结学习要点，帮助学生巩固知识。同时，教师还要不断更新视频内容，使学生保持学习兴趣。这就要求教师与时俱进，掌握高新技术。只有这样，教师才能为学生录制出具有特色、内容丰富的微课，才能充分利用信息技术与教学设备为学生灵活呈现丰富多彩的学习内容，与学生进行深入交流。

三、慕课在会计教学中的应用

（一）慕课的定义

慕课（MOOC），全称为"大规模开放在线课程"，是一种基于互联网的远程教育模式，旨在通过在线平台向大规模学生群体提供高质量的教育资源，包括视频讲座、测验、作业和互动性学习材料。慕课通常由知名教育机构、大学或在线教育平台提供，并允许学生自主学习、随时随地获取课程内容，不受地域、时间、人数等限制。它的特点包括免费或低成本、开放注册、大规模学生参与以及多种学习资源的结合，旨在促进全球范围内的教育普及和知识传播。

（二）慕课的特征

1. 大规模开放的网络平台

慕课提供了开放式的网络平台，允许大规模的学生群体免费或低成本地访问课程内容。无论他们身处何地，只要有网络连接就能学习。

2. 自我导向的学习方式

慕课鼓励学生自主选择学习平台和工具，以满足他们的兴趣和学习风格。学生可以根据自身情况灵活安排学习进度，反复观看教学资源，实现个性化学习。

3. 更加和谐的师生关系

在慕课教学中，教师从传统的灌输式教学的讲授者转变为启发式教学的参与者和指导者；学生积极参与学习，并在需要时主动向教师寻求帮助。它可以促进师生之间的互动和合作，建立更加和谐的师生关系。

4. 平等和开放的学习机会

慕课平台为所有学生提供平等的学习机会。无论他们的年龄、学历、国籍如何，学生都可以自由选择课程，不受限制，从而实现更加平等和开放的教育。

5. 强调高效教学

慕课允许学生反复学习，根据自身需求和进度进行调整，从而提高学习效率。教学资源的多样性和互动性有助于更好地理解和掌握知识。

综上所述，慕课通过大规模开放的网络环境、自我导向的学习方式、和谐的师生关系、平等性和开放性以及高效的教学优势，为学生提供了更灵活的教育体验,在保持效率的同时实现个性化学习。

(三)将慕课引入会计教学中的必要性分析

首先,会计作为一个专业领域,其知识体系庞大且不断发展,传统的课堂教学难以满足学生对于深入学习和更广泛知识获取的需求。慕课平台提供了大量的在线资源和课程,使学生能够根据自己的兴趣和学习速度进行学习,实现个性化教育。

其次,慕课的开放性和灵活性为学生提供了更多的学习机会。无论学生身处何地,只要有互联网连接,就可以随时随地访问慕课平台,学习会计知识。这种灵活性有助于打破地域和时间上的限制,使更多的人能够获得高质量的会计教育。

再次,慕课平台通常提供了多种学习工具和互动性教学资源,如在线测验、讨论论坛、实时答疑等。这些工具可以增强学生的学习参与度,使他们加深对知识的理解和掌握。慕课还可以为学生提供即时反馈和评估,帮助他们不断提高学术成绩。

最后,慕课的引入可以降低学习成本。传统的教育通常需要支付高昂的学费、住宿费和杂费,而慕课通常以较低的成本或免费提供,减轻了学生和家庭的经济负担,使更多人能够接受高质量的会计教育。

综上所述,慕课具有广泛的开放性、透明性和优质资源易获取性,有利于促进学生的全面学习,将慕课引入会计教学中有助于提高学生的学习体验,满足他们的个性化需求,降低学习成本,促进更广泛的知识获取和技能发展,因此具有重要意义。

(四)将慕课引入会计教学中的基本路径

1. 整合教学内容

区别于其他课程,会计教学是一门兼具理论性和实践性的课程。在教学过程中,教师应当充分调动学生的学习积极性,让学生对会计理论有全面的认识和了解。在日后的工作中,实践是核心,理论是基础,教师只有让学生全面熟悉会计岗位的工作性质和工作内容,才能够更好地开展相应的教学工作。慕课教学有一定的优势,教师在实际教学中可以充分利用慕课来拓展教学内容,讲解重难点,让学生在课中、课后都能够实现网络化学习。

2. 改革教学方式

（1）案例教学

在慕课教学中，教师可以将一些案例引入课程，让学生通过分析和解决实际案例来应用所学知识。这有助于培养学生的问题解决和分析能力。教师应注意逐渐增加案例的难度，确保学生在应对复杂案例时有足够的准备。

（2）模块化教学

将会计课程划分为模块，每个模块讲解特定的主题或技能。这种模块化教学方法可以让学生更好地组织和理解课程内容。教师可以提前制订详细的教案，明确每个模块的教学目标、策略和评估方法。

（3）课堂模拟情境教学

会计教育需要强调实践能力的培养，因此，教师可以在慕课课程中使用模拟情境来帮助学生应用知识。通过模拟财务报表制作、税务申报过程等实际工作情境，让学生在虚拟环境中练习实际技能，以备将来在职场中运用。

（4）强调互动和讨论

慕课教学平台通常提供了讨论论坛和在线互动的机会，教师应充分利用这些工具来引导学生之间的互动和讨论。学生可以分享他们的看法、提出问题，并与同学和教师进行交流，从而更好地理解和应用所学内容。

（5）实时反馈和评估

在慕课教学中，教师可以利用在线测验和作业来提供实时反馈，并评估学生的学习表现。这有助于学生及时纠正错误和改进学习方法，同时也让教师了解学生的进展和困难，以便及时提供支持和帮助。

改革教学方式可以更好地适应慕课教学的特点，提高学生的参与度和学习效率，帮助他们更好地掌握会计知识和技能。

3. 设计测验环节，创新考核方式

（1）设计多样化的测验形式

慕课平台可以支持各种不同形式的测验，包括选择题、填空题、案例分析、实际模拟等。教师可以根据课程内容的特点，设计多样化的测验题型，以满足不同学习风格和能力水平的学生需求。

(2)定期进行自测和互评

在学习慕课课程时,学生可以定期进行自测,以检查自己对于课程内容的掌握程度。此外,可以引入互评机制,让学生相互批改和评估作业,从而促进学生之间的沟通和互动。

(3)引入开放性问题和项目作业

慕课课程可以支持学生提交开放性问题的回答和实际项目作业。这种方式可以更好地培养学生的问题解决能力和实际应用能力,让他们将理论知识应用到实际情境中。

(4)结合在线讨论和小组项目

慕课课程可以通过在线讨论和小组项目来培养学生的合作和沟通能力。教师可以设立在线讨论话题,引导学生参与讨论,并分配小组项目,让学生在团队合作中共同解决实际问题。

(5)注重反馈和评估

在慕课环境中,及时的反馈和评估非常重要。教师可以利用在线工具提供即时反馈,指导学生在学习过程中改进。此外,可以设立明确的评估标准,以确保考核方式的公平和透明。

通过以上策略,可以更好地设计测验环节和创新考核方式,提高慕课会计教学的教育质量和学生参与度,使学生在在线学习环境中取得更好的学术成绩和实际应用能力。

4. 拍摄教学视频

在慕课教学中,教学视频是一种高效的教育资源,尤其是对于会计课程中的核心知识点和重难点的解释和演示。以"支票填制"教学为例,可以制作短小精悍的教学视频,时长控制在5~10分钟。这些视频可以展示会计从业人员填写支票的全过程,或者通过计算机技术模拟出支票填写的过程,全面地展示支票所需的格式和内容。

通过这些精心制作的教学视频,学生能够在短时间内深入了解支票填写的要求,直观地掌握核心知识点。这种教学方法具有高度的可视化,能够更好地满足学生的学习需求,帮助他们理解并掌握会计学科中的关键概念。因为视频时长较短,学生也更容易保持注意力集中,提高学习效率。这种教学视频的应用可以在慕课教学中为学生提供更生动、更具体和更实用的学习体验，有助于他们更好地掌握会计知识。

5. 注重实践教学

将慕课引入会计教学中的重要作用之一是弥补传统教学中实践机会不足的问题。在传统的会计教学中，受客观条件的限制，教师主要侧重于传授财务学相关理论知识，而学生很少有机会进行实际操作，导致他们的实践能力相对较弱，难以应对实际工作中的挑战。

慕课教学为改变这一状况提供了新的途径。在慕课平台上，教师可以为学生提供更多的练习机会，使他们能够在实际操作中深化对理论知识的理解。举例而言，当学生学习Excel基础知识时，教师可以制作与会计专业应用相关的Excel教学视频，帮助学生掌握Excel技巧，并引导他们解决实际的财务问题。这样的实践机会不仅丰富了学生的学习经验，还能够培养他们在财务领域的实际操作能力，使他们在未来的职业生涯中更具竞争力。因此，慕课教学为会计学生提供了更多的机会，使他们能够在实际工作中更加自信和熟练地应对各种挑战。

第四节　基于会计应用人才培养的三位一体驱动模式

一、基于PBL教学法的会计课程教学驱动

会计是一门综合性、实践性和应用性都很强的课程。传统的以教师为主导的"填鸭式"教学模式，不利于学生独立思考、分析问题、解决问题能力的培养和会计专业人才核心竞争力的提升。因此，需要积极改变教学模式和教学方法，努力探索和构建师生互动、学和用相结合的教学模式。本节拟引入PBL教学法，探讨其在会计教学中的运用。

（一）PBL教学法介绍

PBL（Problem-Based Learning method）以专业知识领域的问题为导向，让学

生通过自主学习和小组协作学习相结合的探究式学习方式，在解决问题过程中掌握隐含在问题背后的专业知识，最终完成知识体系的建构、能力的培养和学习习惯的养成。PBL 教学法下的教学流程可以分为以下三个阶段：①课程准备阶段；②课程实施阶段；③课程评价阶段。显然，以"问题为导向、学生为中心、老师为指导"的 PBL 教学法，强调了启发式和互动式的教学方法的运用，实现了对课堂讲授内容全灌输到问题参与的变换、教师由讲授角色到辅导角色的变换、学生由被动的学习者到主动解决问题的变换，最大限度地提高了学生学习的主动性与教学过程的参与程度。

（二）PBL 教学法在会计教学中的运用设计

在会计教学中，采用 PBL 教学法可以有效地激发学生的学习兴趣和提高他们的综合能力。

1. 选择适当的问题

教师应选择具有一定难度和挑战性的实际财务管理问题作为学习的起点。这些问题可以涵盖资金筹集、投资决策、财务分析等多个方面，旨在激发学生的思考和求解问题的动力。

2. 小组合作学习

学生被分成小组，每个小组负责研究和解决一个具体的问题。这有助于培养学生的合作精神和团队精神，让他们能够共同思考、讨论和解决复杂的财务管理问题。

3. 自主学习和研究

学生需要自主学习和研究相关的理论知识和实际案例，以便更好地理解和分析问题。学生可以通过相关的学习资源和教师指导，主动学习和解决问题。

4. 问题解决和报告

每个小组需要经过一定时间的研究和讨论，提出解决问题的方案，并撰写详细的报告。这有助于培养学生的问题解决能力和书面表达能力。

5. 课堂讨论和反思

每个小组的解决方案和报告将在课堂上进行讨论和评审。学生通过分享他们的思考和分析过程，从中学习彼此的经验和见解。同时，教师可以对学生的表现进行评价和反馈，帮助他们不断提高。

通过 PBL 教学法，在会计教学中，学生将更加深入地理解会计课程的理论和实践，培养解决实际问题的能力，提高综合素质。这种以问题为导向的教学方法有助于将理论知识与实际应用相结合，为学生的职业发展提供坚实的基础。

二、基于混合学习的高校会计课程教学驱动

（一）高校会计课程混合教学必要性

传统的课堂教学虽然能够传授理论知识，但难以满足现代教育的需求和学生的多样化学习方式。混合学习结合了传统教学和在线教育的优势，可以提供更灵活、多样化的学习体验。通过混合学习，学生可以在课堂内外进行学习，更好地适应个体差异，培养实际应用能力，提高学习效果。此外，混合学习还能够提供更多的自主学习机会，增强学生的自主学习能力，促进学生之间的互动和合作，为培养具备综合素质和实践能力的会计专业人才打下坚实基础。因此，高校会计课程混合学习是必要的，有助于提高教育质量和学生的综合素养。

（二）基于混合学习的会计课程教学保障体系构建

混合学习即 Blended Learning，含义就是"混合式学习"或"结合式学习"，即各种学习学习方式的结合。它以教学策划案为引导，在整体整合教学内容同时创造生动的数字化学习环境。在混合学习中，既要发挥教师引导、启发、监控教学过程的主导性，又要发挥学生作为学习过程主体的主动性、积极性与创造性。它是通过信息技术与课程深层次的整合而创建的在线学习和面授相结合的新型教学模式。

1. 教学环境建设

为了顺利实施混合学习的会计课程教学，需要建设适宜的教学环境。这包括物质环境和网络环境的建设。物质环境方面，需要提供适合在线教学的教室、设备和工具等，确保学生可以顺利地参与线上课程。网络环境方面，要保证高校的网络稳定性，以便学生顺畅地访问在线教学平台和资源。

2. 教学评估与反馈

混合学习模式下，教学评估应该更加多元化和全面化。除了传统的考试和作业，还可以利用在线测验、小组项目评估等方式来评估学生的学习成果。同时，

及时的反馈也非常重要，教师要定期与学生互动，了解他们的学习进展和困难，以便及时调整教学策略和资源。

3. 学生培训与支持

为了确保学生能够顺利参与混合学习的会计课程教学，需要为他们提供培训和支持。学生培训应包括如何使用在线教学平台、如何参与线上讨论、如何提交作业等方面。此外，学校还可以设立在线支持中心，为学生提供技术支持和教学支持，解决他们在学习过程中遇到的问题。

总之，基于混合学习的会计课程教学保障体系的构建需要全面考虑教师培训、课程资源建设、教学环境建设、教学评估与反馈、学生培训与支持等多个方面的因素，以确保教学质量和学生学习体验的提升。只有建立完善的保障体系，才能有效地实现混合学习模式的落地和推广。

（三）基于混合学习的会计课程教学设计策略

1. 会计课程知识内容分析

会计课程是研究企业在一定的营业周期内如何确认收入和资产的课程，通过会计课程学习，要求学生懂得会计基本技能，如成本核算、税费计算与申报等。这些内容多与生活实践紧密联系，因此学习这些内容，既要加强方法训练，又要联系生活实际。要结合实训、实践，使学生具有初步进行财务分析、风险评估、预测和决策等企业日常财务与经营管理的能力。

2. 教学方法策略分析

基于混合学习的会计课程教学方法策略需要充分考虑传统面授和在线学习的结合，以提高教学效果和学生参与度。以下是一些关键的方法策略。

（1）教学资源丰富化

教师应当提供多样化的教学资源，包括电子教材、教学视频、在线练习、案例分析、模拟考试等。这样可以满足不同学生的学习需求和学习风格，让学生在不同的资源中选择适合自己的学习方式。

（2）课程模块化设计

将课程内容分成模块，每个模块包括特定的主题和学习目标。学生可以按照模块逐步学习，自主管理学习进度，从而提高学习的灵活性和自主性。

（3）线上互动和讨论

在线学习平台可以提供讨论板块和在线互动工具，教师可以鼓励学生参与讨论、提问问题、分享观点，以促进学生之间的互动和合作学习。

（4）实践性任务和项目

为了培养学生的实际应用能力，教师可以设计实践性任务和项目，要求学生在实际情境中应用所学知识和技能，如财务分析报告、投资决策模拟等。

（5）反馈机制

建立及时的反馈机制，包括在线测验、作业评估、教师反馈等，以便学生了解自己的学习进展，及时调整学习策略和提高学术研究水平。

（6）教师角色转变

教师在混合学习模式下的角色不仅仅是知识的传授者，还要充当引导者、激发者和监督者的角色。教师需要积极参与在线互动，解答学生问题，监督学生学习进度，提供反馈建议。

（7）学校支持和服务

为了帮助学生充分利用在线学习资源，学校可以为学生提供学术支持服务，包括学术顾问、在线教学助手等技术支持，以解决学生在学习过程中遇到的问题和困难。

综合来看，基于混合学习模式下的会计课程教学方法策略需要综合考虑教学资源、课程设计、在线互动、实践任务和学生支持等多个方面，以满足学生的多样化学习需求，提高教学质量和学生满意度。

3. 教学媒体选择策略

（1）多样化媒体资源

在混合学习环境中，应该充分利用各种多样化的媒体资源，包括文字、图像、音频和视频等。不同类型的媒体可以用来呈现不同的教学内容，满足不同学习风格和需求的学生。

（2）互动性媒体

选择具有互动性的媒体资源，如在线模拟工具、虚拟实验室和在线讨论板等。这些媒体可以促进学生之间的互动和合作，增强学习体验。

（3）网络视频和动画

利用网络视频和动画来解释复杂的概念和流程。这些媒体可以生动地呈现抽象的财务概念，帮助学生更好地理解和记忆。

（4）虚拟现实（VR）和增强现实（AR）

在某些情况下，可以考虑使用VR技术或AR技术来模拟真实的财务场景，让学生身临其境，提高他们的实践能力。

（5）移动学习应用

鉴于移动设备的广泛应用，可以开发适用于手机和平板电脑的学习应用或程序，让学生随时随地都能访问课程内容。

（6）个性化学习路径

采用个性化学习平台，根据每个学生的学习进度和需求推荐相应的媒体资源，以提高学习的效率和吸引力。

（7）实时反馈工具

利用在线测验和评估工具，及时收集学生的学习表现数据，以便调整教学策略和媒体资源的使用。

教师可以根据具体的教学内容和学生群体的需求，综合考虑这些策略，有针对性地选择和整合各种媒体资源，以实现会计课程的高效教学。同时，还要不断关注教育技术的发展，更新和优化媒体资源，以适应不断变化的学习环境和学生需求。

4. 教学评价方法策略

（1）多维度评价

综合考虑多个评价维度，包括知识掌握、实践能力、合作能力和自主学习能力等。这可以通过不同类型的评价工具和任务来实现，如在线测验、案例分析、小组项目等。

（2）实时反馈

利用在线测验和作业工具，及时收集学生的学习表现数据。通过分析学生的答题情况和作业成绩，教师可以发现学生的弱点和困难，并及时提供反馈和建议，以便他们进行调整和改进。

（3）学习日志和反思

鼓励学生定期记录学习日志，反思他们的学习过程和成果。这有助于学生自我评价和自我调整，同时也为教师提供了了解学生学习动态的渠道。

（4）同学评价和小组评价

采用同学评价和小组评价机制，让学生互相评价。这可以促进学生之间的合作和交流，同时也培养了他们的批判性思维和评价能力。

（5）教学反馈调查

定期进行教学反馈调查，收集学生对课程内容、教学方法和教学媒体的意见和建议。这有助于教师了解学生的需求，改进和优化教学方法。

（6）成果展示和演示

鼓励学生制作会计相关的项目或报告，并进行成果展示和演示。这可以评估学生的实践能力和沟通能力，同时也增加了课程的实践应用性。

（7）自评和目标设定

教师可以引导学生进行自我评价，并帮助他们设定学习目标和计划。这有助于学生更好地管理自己的学习过程，端正自己的学习动机，提高学习效率。

综合利用这些评价方法策略，教师可以全面评估学生在混合学习环境下的学习表现，为他们提供个性化的学习支持和指导，以确保会计课程的教学质量和学生学习水平的提高。同时，不断调整和改进评价方法，以适应不断变化的教学和学习需求。

三、基于人工智能 + 会计课堂教学驱动

以计算机为代表的新信息技术在教育领域的大量运用，为创设以学习者学习为主体的教学方法提供了更多的可能。

（一）基于网络环境下的会计课堂教学设计指导原则

指导原则是整个会计课堂教学设计过程中的指导思想，它贯穿在课堂教学设计过程中的每一个环节。

1. 一体化原则

在网络环境下的会计课堂教学设计应遵循一体化原则，这意味着教学活动、

教学资源和教学评价应无缝整合，以保障学习体验的一致性和协调性。教师可以通过结合实时互动、在线作业和教学评价等元素，创造一个统一的学习环境，以促进学生的主动参与和互动交流，使学生获得更好的学习成果。一体化原则有助于确保教学在网络环境下高效、有针对性地传授会计相关知识，培养学生的实践能力和批判性思维，并为教学质量的提高提供保障。

2. 以学生为中心原则

基于网络环境下的会计课堂教学设计应以学生为中心原则为指导，将学生的需求、兴趣和学习风格置于教学的核心位置。这意味着教师应该充分了解学生的背景和学习水平，以便根据他们的需要调整教学内容和教学方法。教师应鼓励学生积极参与课堂互动、讨论和合作，提供丰富多样的学习资源，以满足不同学生的学习需求。此外，教师应关注学生的反馈和评价，及时调整教学策略，以确保教学的有效性和学生的学习体验。以学生为中心的教学设计，可以提高会计课堂的吸引力和参与度，帮助学生更好地理解和应用课程内容。

3. 能力素质培养原则

基于网络环境下的会计课堂教学设计应秉持能力素质培养原则，以培养学生综合运用会计知识、技能和工具的能力为核心目标。教学应注重培养学生的问题解决能力、分析思维能力、创新意识和团队协作技能，通过实际案例分析、团队项目、模拟决策等教学活动，激发学生主动学习的兴趣，促使他们在网络环境中积极参与、互动合作，以达到全面素质提升和实际应用能力提高的培养目标。

（二）会计课堂教学过程的设计

课堂教学过程的设计是教学内容的组织与安排、教学媒体的选择与应用及教学方法的实施的总和。课堂教学过程的设计是一堂课成功与否的先决条件。设计新颖，会激起学生的学习热情及学习潜能，令学生迸发出智慧的光芒。设计不当，则成为知识的堆积或方法的罗列，达不到应有的教学效果。

值得注意的是，基于网络环境的会计课堂教学中，教师已不单是知识的传授者，更不是课堂教学的中心，而是教学的组织者、课堂的设计者、学生学习的引导者。教师应尝试运用研究学习、合作学习、社会实践活动等教学方法，培养学生的自主学习能力和终身学习能力。教师应通过各种媒体的应用，创设情境，激发学生的求知欲，培养学生的学习兴趣，使学生由被动接受转变为主动参与，把教学过程更多地变成学生发现问题、分析问题、解决问题的过程。

针对会计课堂教学的特点与需求，结合网络时代教学与学习理论的启示，在设计课堂教学过程时，应强调学生知识的主动建构，强调教师的引导作用，强调知识的应用与迁移，强调学习能力与协作能力的培养，在实践中进一步加深对已有知识的理解，并发现新问题，实现学用相长。基于此，我们把会计课堂教学过程的设计基本流程归纳为网络导学、理论学习、模拟实验、课堂实践四个基本环节。

1. 网络导学

在课堂学习活动开始之前，应对学生的学习进行适当引导，为课堂学习活动的开展做好各个方面（知识、方法、心理）的准备。可利用网络平台，向学生提供会计课堂导学信息，其内容可包括课程学习目标、本课程与其他课程的关联、课程知识框架、课程学习的重点与难点、课程学习的方法或建议、课程学习过程中应注意的问题、课程教学管理信息等。也可针对本堂课学习的重点、难点或热点，在网上组织课前研讨活动，使学生带着问题进行学习，提高学习兴趣。

2. 理论学习

会计课程的理论学习，以企业资金流动为核心，以企业财务活动为基本观念，以连续、系统、综合地核算和监督经济交易或事项为主线，以会计的基本概念、原则、制度等理论问题以及预算管理、风险评估、税务筹划、成本分析、数据分析等业务方法为主要内容。这些知识内容应用性强，与实际问题情景联系紧密。针对会计课程内容的主要特征，这里强调案例教学与专题学习。教师应提供与课堂学习相关的文献或案例，通过网上交流平台，组织学生进行分析与评述，并针对重点、难点或热点，结合相关知识，组成专题，提供专题学习资源，设计专题学习活动。

3. 模拟实验

会计课程实验是以企业财务运作为核心，利用专业实验软件，模拟企业财务预测与决策过程。其目的在于给学生提供一种全新的、逼真的环境，使学生在模拟环境中受到专业教育和技能培训。它让学生通过对若干会计政策与方法进行单因素实验或多因素实验，观察实验中的差异现象，分析产生差异的原因，检验某项交易活动的科学性，通过实验加深对会计理论与方法的认识。在该环节中，教师从虚拟企业现实的情景中设计实验案例，并提出有关会计问题。学生通过探究解决问题所需的条件，利用专业计算机软件分析、整理资料，提出问题解决方案并表述研究成果。

4.课程实践

作为一个实践性学科，实践在会计课程课堂学习过程中是非常重要的。它是学生对所学会计知识与方法的综合运用与深化理解，是培养学生应用能力、综合能力与创新能力的关键。在该环节中，教师应针对课程特色，设计与课程学习要求相关的、难度适中而具有一定开放性的项目或课题；组织学生组成项目工作小组，完成项目任务，提交作品或报告；利用网络多媒体技术，记录活动过程，组织与引导展示、反思、交流与研讨。

参考文献

［1］闫冰. 高校会计教学模式构建与改革研究［M］. 长春：吉林出版集团股份有限公司，2022.

［2］李西杰，徐会吉. 会计学专业课程思政教学指南［M］. 北京：经济科学出版社，2023.

［3］曾玲芳，李骁寅. 会计信息系统应用［M］. 大连：东北财经大学出版社，2023.

［4］刘阳. 会计专业翻转课堂与业财融合教学范式改革研究［M］. 北京：经济管理出版社，2022.

［5］韩小琼，陈向青，李姝妍. 基础会计学［M］. 北京：中国商业出版社，2023.

［6］李小花. 新时代背景下大数据与会计专业人才培养及教学改革［M］. 长春：吉林出版集团股份有限公司，2022.

［7］任立改，李锐云，鲍玉杰. 高校会计教学改革与人才培养研究［M］. 北京：中国原子能出版社，2022.

［8］陈福军. 会计信息化. 5版［M］. 大连：东北财经大学出版社，2022.

［9］李珂，韩田莉，李筱珂. 会计教学改革与实践应用研究［M］. 北京：中国原子能出版社，2022.

［10］刘赛，刘小海. 新时期高校会计教学创新改革与实践教学研究［M］. 北京：北京工业大学出版社，2021.

［11］李靖. 大数据背景下应用型人才培养教学模式创新研究：以会计专业为例［M］. 长春：吉林大学出版社，2021.

［12］王巍. 会计教学的理论与实践研究［M］. 长春：吉林教育出版社，2021.

［13］金海燕，郭际伟. 财务核算与会计教学研究［M］. 长春：吉林教育出版社，2021.

[14] 郭婷. 会计教学理论与实践研究［M］. 长春：吉林教育出版社，2021.

[15] 马睿. 信息化背景下高校财务会计教学研究［M］. 北京：北京工业大学出版社，2021.

[16] 李妍. 会计教学设计：原理、方法与案例［M］. 北京：经济科学出版社，2020.

[17] 陶传彪，陈鹏，谢广霞. 管理会计与教学实践研究［M］. 长春：吉林教育出版社，2021.

[18] 张海燕，曾晓莉，冯素玲. 会计理论探索与教学实践研究［M］. 北京：北京工业大学出版社，2018.

[19] 傅飞娜. 会计学教学理论与实践探索［M］. 北京：中国原子能出版社，2021.

[20] 赵勤阳. 财务会计理论与教学实践研究［M］. 长春：吉林教育出版社，2021.

[21] 吴脊，闫红，段琼. 互联网时代会计人才培养的教学改革研究［M］. 太原：山西经济出版社，2021.

[22] 罗健，刘小海. 会计教学改革新路径探索［M］. 沈阳：沈阳出版社，2020.

[23] 邓平华，刘丽婷. 移动互联时代下财务会计的教学设计与应用研究［J］. 中国乡镇企业会计，2023（10）：181-183.

[24] 肖金鸿. 新时期高校会计教学转型的创新探析［J］. 上海商业，2023（9）：179-181.

[25] 刘日龙. 会计教学中的"教书"与"育人"［J］. 南宁师范大学学报（自然科学版），2022，39（2）：219-222.

[26] 贾哲，叶宝忠. 基于"互联网+教育"的会计教学模式的应用［J］. 中国乡镇企业会计，2022（9）：187-189.

[27] 谭鸽. 课程思政背景下高校会计教学改革探讨［J］. 爱情婚姻家庭，2022，（26）：101-102.

[28] 崔琳. 互联网背景下高校会计教学改革策略探析［J］. 学周刊，2022（19）：3-5.

［29］张淑娟. 任务驱动教学法在会计教学中的运用［J］. 公关世界，2022（12）：110-111.

［30］蒋晨茜. 高校会计教学中加强会计职业道德教育的思考［J］. 财会学习，2022（7）：138-140.

［31］丁华，王泽，闫一琦. ACCA 教学理念与我国会计教学模式改革［J］. 绿色财会，2022（9）：14-18.

［32］王莹. 创新人才培养模式下本科会计教学改革策略［J］. 上海商业，2022（5）：202-204.

［33］李非. 人工智能背景下会计教学体系的创新研究［J］. 安徽教育科研，2023（12）：110-112.

［34］肖淑敏. TFU 教学模式在中职《基础会计》教学中的应用研究［D］. 贵阳：贵州师范大学，2023.

［35］王昕. 应用型本科会计人才培养模式转型研究［D］. 上海：华东师范大学，2022.

［36］刘玲雪. 信息化背景下我国本科会计人才培养模式研究：基于利益相关者的调查分析［D］. 呼和浩特：内蒙古工业大学，2015.

［37］王慧璞. 会计国际化背景下的我国本科会计人才培养方案研究：以上海外国语大学会计专业为例［D］. 上海：上海外国语大学，2013.

［38］赵超越. 高等职业院校会计教育管理改革研究［D］. 沈阳：沈阳大学，2013.

［39］涂思思. 高职院校会计专业人才培养模式改革研究：以长沙商贸旅游职业技术学院为例［D］. 长沙：国防科学技术大学，2016.